CLEMENTE

A CELEBRA BOOK

LA FAMILIA CLEMENTE

EL VERDADERO LEGADO DE UN HÉROE INMORTAL

CLEMENTE

Celebra
Published by the Penguin Group
Penguin Group (USA) Inc., 375 Hudson Street,
New York, New York 10014, USA

USA / Canada / UK / Ireland / Australia / New Zealand / India / South Africa / China

Penguin Books Ltd., Registered Offices: 80 Strand, London WC2R 0RL, England
For more information about the Penguin Group visit penguin.com.

First published by Celebra,
a division of Penguin Group (USA) Inc.

First Printing, October 2013

CELEBRA Spanish edition ISBN: 978-0-451-41904-0

THE LIBRARY OF CONGRESS HAS CATALOGUED THE ENGLISH-LANGUAGE EDITION OF THIS TITLE AS FOLLOWS:
    Clemente family
    Clemente: the true legacy of an undying hero/ The Clemente Family.
       p. cm.
    Includes bibliographical references.
    ISBN 978-0-451-41903-3
    1. Clemente, Roberto, 1934–1972.   2. Clemente, Roberto, 1934–1972—Family.   3. Clemente, Roberto, 1934–1972—Death and burial.   4. Clemente family—Interviews.   5. Baseball players—Puerto Rico—Biography.   6. Humanitarians—United States-Biography.   I. Title.
       GV865.C45C54 2013
    796.357092—dc23   2013017078
    [B]

Printed in China
10 9 8 7 6 5 4 3 2 1

Set in Spectrum MT Std
Designed by Pauline Neuwirth

A Vera Clemente...
quien continúa representando con dignidad y clase a su familia
y al béisbol

CONTENIDO

CLEMENTE

Su historia

Si tienes la oportunidad de ayudar a alguien y no lo haces,

estás perdiendo tu tiempo aquí en la Tierra

—Roberto Clemente

Cuando me iniciaba en el periodismo, le pregunté a Muhammad Ali cuáles eran los atletas que más admiraba. No le tomó mucho tiempo mencionar a Roberto Clemente.

—Creo que lo mejor que se puede decir sobre una persona —dijo Ali— es que dio su vida por su causa. Eso es lo que hizo Roberto Clemente. Era un excelente ser humano.

Roberto Clemente pasó su vida ayudando a otros y murió haciéndolo. Vivió entregado a su familia, al béisbol y a ayudar —en muchos casos— a desconocidos. Antes de los tiempos modernos de hábiles publicistas, Twitter y Facebook, Clemente empoderó a los pobres y oprimidos sin pedir nada a cambio. Murió en un accidente

aéreo hace cuarenta años, cuando se dirigía a ayudar a las víctimas de un terremoto en Nicaragua. El avión iba sobrecargado con toneladas de provisiones.

Clemente era uno de mis héroes de infancia. Me conmovía profundamente el hecho de que dedicara su vida a ayudar a otros. También lo admiraba por lo que siempre consideré su muy subestimada habilidad atlética, que logró a punta de sudor y trabajo. Clemente alcanzó un nivel de fuerza y velocidad —especialmente en su brazo de lanzador— que muy pocos habían logrado en la época anterior a los esteroides. Tenía el mismo talento de contemporáneos como Willie Mays y Michey Mantle.

Clemente ha sido llamado «el Jackie Robinson latino». Fue el primer jugador latino elegido para el Salón de la Fama del Béisbol y el primero en ganar un título de la Serie Mundial como titular y el premio al jugador más valioso en la misma competencia. La comparación más apropiada para Clemente no es Robinson sino Lou Gehrig. Ambos fueron dos grandes del béisbol que desaparecieron prematuramente: Clemente en un accidente y Gehrig por causa de una enfermedad mortal. Gehrig fue el primer jugador de béisbol al que no se le exigieron los cinco años de espera para ingresar al Salón de la Fama; Clemente fue el segundo. Clemente murió a los 38 años; Gehrig se despidió del béisbol cuando tenía 37.

Uno de los *managers* de Clemente en los Piratas, el difunto Bobby Bragan, dijo que cuando escuchó la noticia de la muerte de Clemente sintió el mismo vacío en el estómago que sintió al enterarse del asesinato del presidente John F. Kennedy.

Clemente enfrentó el racismo de la era pos-Robinson, que siguió siendo una época brutal en la historia de los Estados Unidos para los atletas de color, a pesar de los inmensos logros de Robinson. La intolerancia de la época —a principios de su carrera, Clemente no podía quedarse en los mismos hoteles que sus compañeros de equipo blancos— impidió que muchos admiradores y algunos de los reporteros vieran la verdad sobre Clemente, quien, además de ser un maravilloso jugador de béisbol, estudió cerámica, escribía poesía y tocaba música. Era profundamente leal y tenía un dicho: «Nunca me mientas y siempre seremos amigos».

A principios de la década de 1980, el productor de televisión Maury Gable intentó hacer una película sobre la vida de Clemente. Gable creó una película de televisión sobre el retorno al parque de Rocky Bleier, el jugador de los Pittsburgh Steelers, tras ser herido en la Guerra de Vietnam. Consideraba que la historia de atletismo, gracia y sacrificio de Clemente era igualmente conmovedora pero se topó con un problema: «Las cadenas de televisión no estaban interesadas en una película sobre un pelotero puertorriqueño», dijo. Así que, incluso entonces, más de 10 años después de su muerte, muchos sectores convencionales del país seguían sin comprender a cabalidad la importancia de Clemente en la historia del deporte.

Sigue siendo muy interesante que tantas décadas después, en una industria cinematográfica que ama las películas sobre deportistas supuestamente condenados a perder —*Rocky*, *Rudy*, *Miracle* y *Hoosiers*, para mencionar unas pocas—, no se haya hecho una película sobre Clemente.

En la comunidad latina, entonces y ahora, Clemente no solo es apreciado; lo aman sinceramente. Cuando Ozzie Guillén era *shortstop* de los Chicago White Sox, mantenía en su casa un altar a Clemente, con fotografías y estatuillas. Visiten cualquier campo de béisbol en el mundo y verán que el nombre de Clemente aún despierta admiración.

El aniversario de su muerte, que será una celebración de su vida, coincide con un momento interesante en la historia del deporte. Nunca antes en el deporte se ha cuestionado la autenticidad de los atletas —su desempeño en el parque o lo que hacen fuera de él— tan profundamente como ahora.

La vida de Clemente nos enseñó que su época, aunque complicada por los temas del racismo y el poder, era sencilla en un sentido: se podía creer lo que se veía. En la sangre de Clemente no había hormonas de crecimiento, tan solo humanidad.

He pasado la mayor parte de mi vida estudiando y escribiendo sobre la historia del deporte y, para mí, Clemente representa la más grande combinación de atleta y humanitario que ha existido.

Las cosas que se han dicho sobre Clemente a lo largo de los años siguen siendo extraordinarias: «Roberto Clemente fue el mejor jugador no convencional que el béisbol ha conocido», dijo Don Baylor, quien ha sido jugador o *manager* de las Grandes Ligas desde 1970

CLEMENTE

y ganó el Premio Roberto Clemente en 1985. «Lo que lo hacía especial eran los resultados. Solía decir: 'Creo que le debemos algo a las personas que vienen a vernos jugar'».

«En lo que se refiere a su brazo, Clemente era impresionante», dijo Tim McCarver, quien jugó contra Clemente durante más de diez años. «Lo que hacía único a Roberto era su giro y su lanzamiento. De hecho, él podía atrapar la pelota y devolverla rápidamente en un parque tan difícil como Forbes Field. Algunas veces la atrapaba, giraba sobre el talón del pie, se volteaba y lanzaba casi a ciegas».

«Hacía los mejores lanzamientos que he visto en mi vida», dijo el ex jugador de las Grandes ligas Rusty Staub. «Él entraba al *bullpen* (cerca de la línea del jardín derecho en Forbes Field), donde era imposible ver la base de bateo. Una vez corrió tras una bola que voló al *bullpen*. Había un hombre saliendo de tercera base con un *out*. Pensaba que lo había logrado; no corrió demasiado. De repente, el cohete apareció de la nada. Fue como un *strike*, pasó directamente sobre la base. Clemente ni siquiera veía la base».

«Yo veía a Roberto de la misma forma en que veía a mi padre: como alguien invencible, alguien que siempre estaría ahí», dijo su ex compañero de equipo de los Piratas, Al Oliver.

La importancia de Clemente aún se puede medir: en diminutos parques de béisbol, de Estados Unidos a Puerto Rico, y muchos otros lugares en Latinoamérica; en los estadios de las grandes ligas que aún sienten su trascendencia; en el estadio en Puerto Rico que aún lleva su nombre; en las palabras de dos presidentes estadounidenses que, en diferentes décadas, le rindieron honor; en el premio que lleva su nombre y se entrega anualmente a jugadores que sobresalen en el diamante y son caritativos fuera de él; y sobre todo, en la forma en que su viuda, Vera, mantiene su legado con honor y humildad.

Pasé meses con la familia Clemente —Vera y los tres hijos: Roberto Jr., Luis y Ricky— escuchando sus historias sobre el excelente esposo, padre y amigo que fue. De hecho, Ricky me concedió la primera entrevista de su vida (algunos miembros de la familia y los amigos cercanos llamaban a Roberto por su apodo, Momen, pero en aras de la claridad, en este libro se usa su nombre de pila. El apodo —cuenta su único hermano con vida, Justino Clemente Walker, de 85 años— surgió cuando Roberto era niño. Los miembros de la familia lo llamaban y Roberto siempre respondía «Momentito». Y Momentito terminó reducido a «Momen». Por otra parte, Justino parece que tuviera cincuenta y su memoria sigue siendo excelente).

La familia ha mantenido la herencia altruista del padre y lo ha hecho con el estilo Clemente. En las dos décadas que llevo dedicado al periodismo, nunca me había encontrado con un grupo de personas más sincero y decente. En poco tiempo llegué a quererlos.

Este libro es el recuerdo de un hombre que ellos conocieron mejor que nadie. Ésta es su historia tal como me la contaron.

Muchos de los relatos contenidos en este libro no habían sido narrados anteriormente. Eso es lo que hace único a este trabajo: es la visión de su padre desde sus ojos, mentes y corazones. Algunas de las fotografías incluidas tampoco habían sido publicadas.

Otras partes del libro incluyen entrevistas con amigos de la familia Clemente, ex compañeros de equipo y entrevistas antiguas en otros medios, incluyendo libros, revistas y artículos periodísticos tanto de los Estados Unidos como de Puerto Rico a lo largo de cuatro décadas. A todas las fuentes se les reconoce el crédito.

No mucho después de la muerte de Clemente, una maestra monja de Pittsburgh del Colegio Católico San Antonio en Río Piedras, Puerto Rico y que había seguido de cerca la vida de Clemente informó a los estudiantes que Roberto era tan y tan grande que Dios quiso que su tumba fuera el mar para que se esparciera por el universo. Vera se enteró de esto por medio de Lourdes Berrios, la hija de una vecina muy querida por Vera que estudiaba en el colegio. Esa era la forma en que Clemente conmovía a la gente, entonces y ahora.

No hay mejor ejemplo de la generosidad y dedicación de Clemente que el hecho de que su vida haya terminado cuando estaba en una misión de caridad.

«Amaba el juego y siempre le insistió a sus contemporáneos que es un juego al que hay que dedicarse», dijo una vez Luis Mayoral, amigo de Clemente. «Tenía mente de filósofo. Tenía el fuego dentro de él, mucho orgullo, pero no el tipo de orgullo que le haría despreciar a otro individuo. Me gusta pensar en él a partir de sus manos. Tenía unas manos fuertes, las zarpas de un tigre. Tenía ferocidad en ellas, pero eran las mismas manos con las que le acariciaba la cabeza a los niños. Él creó una conciencia con respecto a quienes luchan contra la adversidad: el tipo de la fábrica en Pittsburg, el de la fábrica en Puerto Rico, el conductor de taxi, el empleado que marca tarjeta. Su sentido del orgullo era el sentido del orgullo de ellos. Creo que aún estaría en el juego, de alguna forma, pero lo veo más como un sociólogo, no necesariamente como un político. Él intentaba ayudar a las personas a ser mejores».

En el Juego de las Estrellas de 1994 en Pittsburgh, se develó una estatua de bronce de Clemente creada en su mayor parte con fondos donados por los jugadores de Pittsburgh. Uno de ellos fue Orlando Merced, quien creció en Puerto Rico en la casa que estaba enfrente de la de Clemente. En ese entonces le dijo a *Sports Illustrated*: «Roberto Clemente es un sueño para mí y para muchos niños y adultos. Nunca lo conocí, pero jugué béisbol en su casa, rodeado de Guantes de Oro, bates plateados, trofeos y fotografías. Él me ha hecho ser un mejor jugador y una mejor persona. Lloré cuando develaron la estatua. Me sentí orgulloso de ser quien soy y de ser puertorriqueño».

«Cuando me pongo el uniforme», dijo Clemente una vez, «me siento el hombre más orgulloso del universo».

«Le dio un nuevo significado al termino 'completo'. Él hizo que la palabra 'super estrella' fuese inadecuada. Él tenía sobre él, un toque de realeza», dijo Bowie Kuhn, Comisionado de Grandes Ligas

—MIKE FREEMAN

CAPÍTULO 1

Amor

Lo veo todo el tiempo. Lo veo sobre todo en sus momentos de tranquilidad. Algunas veces juega con los niños. Algunas veces ríe. Fue un excelente esposo. Fue un gran padre. Escribió poesía. Yo lo llamaba Roberto.

Nos conocimos en una farmacia en Carolina, Puerto Rico. Una tarde salí a comprar a la farmacia y mientras caminaba sentía que había alguien en un vehículo observándome pero continué caminando. Una vez entro a la farmacia estaba Roberto en una silla sentado leyendo un periódico. Levantó la mirada. Fue como algo de película. Yo sabía quién era él y estaba sorprendida. Me preguntó mi nombre, se lo dije y me volteé para salir. Él dijo: «No te vayas». Así nos conocimos. Tenía una sonrisa muy cálida.

Mi familia era muy estricta. Yo era tímida y la primera vez que me invitó a salir le dije que no. Hizo que su sobrina me llamara al banco y, no sé muy bien por qué, pero eso me hizo aceptar.

Fue al Banco Gubernamental de Fomento en el que yo trabajaba para llevarme a almorzar, y me esperó afuera; los empleados salieron de dos en dos para verlo. Fuimos a almorzar al Hotel Caribe Hilton y supe que estaba verdaderamente interesado en

mí. Llevaba un traje muy elegante. Conducía un Cadillac blanco y me abrió la puerta para que subiera. Yo estaba nerviosa y me arrinconé contra la puerta del pasajero. Fue muy amable.

Después de eso, él regresó a su casa y le dijo a la mamá que había encontrado a la muchacha con la que se iba a casar. Era así de romántico. En la primera visita a mi hogar, Roberto dijo que se iba a casar conmigo. En la segunda cita, se apareció con fotografías de casas. También trajo un anillo de diamantes. Se quería casar rápidamente porque tenía que comenzar su entrenamiento de primavera muy pronto. (Ella ríe).

Mi padre no estaba convencido. Nos casamos el 14 de noviembre de 1964.

Él planeó todo rápidamente porque solía decir: «Voy a morir joven».

Roberto era un gran jugador de béisbol, y era un gran esposo y padre. También podía hacer muchas otras cosas. Escribía poesía. Recuerdo un juego en Pittsburgh el Día del Padre, él llevaba su uniforme. Estaba escribiendo en un pedacito de papel. Era un poema llamado *¿Quién soy?*

> *¿Quién soy?*
> Soy un puntito ante los ojos de la luna llena.
> Sólo necesito un rayo de sol para calentar mi cara.
> Un soplo de los Vientos Alisios para refrescar mi alma.
> Y qué más puedo pedir cuando se sabe que mis hijos realmente me aman.

Lo amé tanto.

Una vez, en noviembre, poco antes del accidente, Roberto se despertó por la noche. Lo recuerdo diciendo: «Acabo de tener un sueño muy extraño. Estaba sentado en las nubes observando mi propio funeral».

La última vez que lo vi, subía al avión. Se detuvo en la puerta y me miró. Tenía una mirada muy triste. Nunca olvidaré esa mirada.

VERA CLEMENTE: Amó el béisbol desde niño. Creo que fue lo único que siempre quiso hacer. Quería ser un gran beisbolista.

LUIS CLEMENTE, hijo: Mi padre era un hombre feliz, pero era muy feliz cuando estaba con su familia y cuando jugaba béisbol.

ROBERTO CLEMENTE JR., hijo: Era un hombre amable y un gran padre, así que siempre fue extraño oír y luego leer sobre lo implacable que era como beisbolista.

RICKY CLEMENTE, hijo: A través de sus acciones, papi nos enseñó a tratar a las

CLEMENTE

personas de la forma como queremos ser tratados. Nos enseñó a ser amables con todos y a no tener en cuenta el color de las personas. Todos aprendimos ese mensaje.

ROBERTO CLEMENTE, 1961: Estoy entre dos mundos, así que cualquier cosa que haga me afectará porque soy negro y porque soy puertorriqueño. Siempre respeto a todos. Mis padres nunca me dijeron que odiara a nadie, nunca me dijeron que le tuviera aversión a alguien por el color de su piel. Nunca hablamos sobre eso.

VERA: Inmediatamente antes del accidente (aéreo), se suponía que daría una clínica de béisbol para niños en Puerto Rico. Lo hacía todo el tiempo. Sus hijos veían esas cosas e intentaban ser como su padre. (El campo de béisbol donde Roberto daba muchos de esos cursos aún existe en Puerto Rico).

JUSTINO CLEMENTE WALKER, el hermano de Clemente, de 85 años: Roberto rara vez tomaba tiempo para sí mismo. Su tiempo era para los otros: familia, desconocidos. La única vez que hacía

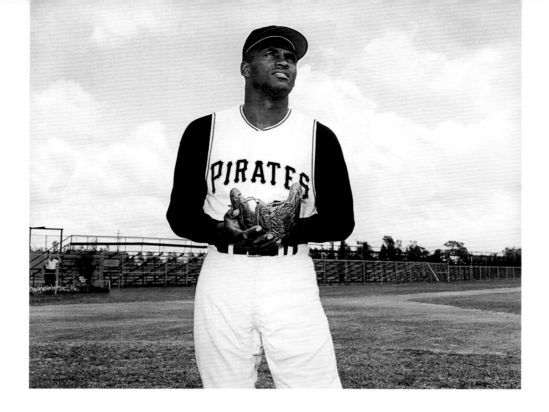

algo por él mismo era cuando terminaba la temporada. Se iba a una granja
que tenía, cerca del bosque tropical (El Yunque). Allí se relajaba. Si los Piratas
no estaban en la Serie Mundial, se relajaba en la granja y veía la Serie en la televisión. Una vez pasó un día con Martin Luther King en su otra finca ubicada
en el barrio Martin González en Carolina. Hablaron de todo. Roberto admiraba la forma en la que King permitía a los pobres expresarse.

LUIS MAYORAL, sobre Clemente y King: Se hicieron amigos. Recuerdo que
alrededor de 1970 hubo un Juego de las Estrellas —puede haber sido 1969—,
en el Estadio Dodgers de Los Ángeles, en el cual los negros y latinos jugaron
para recaudar fondos para la Fundación Martin Luther King. Y una de las más
estimadas posesiones o premios que recibió Roberto fue la Medalla Martin
Luther King por jugar en ese partido.

ROBERTO CLEMENTE, 1970: Cuando Martin
Luther King comenzó a hacer lo que hizo,
cambió todo el sistema americano. Él hizo que
la gente, la gente de los guetos, la gente que no
tenía nada que decir en esos tiempos, comen-
zara a decir lo que habrían querido decir durante años y nadie había escuchado. Ahora,
con ese hombre, esas personas ocuparon el lugar que les correspondía, pero los otros no las
querían ahí, sentadas como si fueran blancos y
llamando la atención del mundo entero. Y no
eran solo los negros, eran las minorías: las
personas que no tenían nada y que no podían
decir nada en aquella época porque no tenían
poder comenzaron a hablar y a protestar. Por
eso digo que (King) cambió el mundo...

TONY BARTIROME, entrenador de los Piratas:
Conocí a Roberto en el entrenamiento de primavera, en 1955. Era mi primer año como jugador de los Piratas (posteriormente fue
entrenador de los Piratas desde 1967 hasta
1985). Nos entendimos inmediatamente. Tenía
un gran sentido de la justicia social. Estaba sinceramente confundido por la intolerancia que
veía en los Estados Unidos.

STEVE BLASS, compañero de equipo: Lo que
hizo Roberto, especialmente hacia el final de su

CLEMENTE

carrera, fue ayudar a unificar un vestidor que se había hecho cada vez más diverso, y se hizo más diverso a causa de Roberto.

AL OLIVER, compañero de equipo: Siempre hablábamos sobre la capacidad de las personas de todas las clases sociales de llevarse bien, no hay excusa para que no sea así. Él tenía problemas con las personas que lo tratan a uno de forma diferente debido a su origen, nacionalidad o color; también con la forma de tratar a los pobres. Eso es lo que yo realmente respetaba más de él: su carácter, sus creencias.

TONY BARTIROME: Hablaba mucho sobre el cambio. Cambiar el béisbol para hacerlo más amable para el jugador latino y negro. Veía eso como su pequeña contribución para mejorar el país.

LUIS CLEMENTE: Recuerdo haber visto a mi padre en un documental diciendo que quería que sus hijos crecieran sin ser malcriados, que sufriéramos. Recuerdo haber visto eso y preguntarme: «¿Por qué querría que sus hijos sufrieran? Yo no quiero que mis hijos sufran». Más tarde entendí lo que quería decir. Él no quería que sufriéramos realmente. Esperaba que fuéramos humildes y nunca olvidáramos de dónde veníamos. Quería que trabajáramos tan duro como él y, cuando uno lo ve jugar béisbol y lee sobre su sentido ético, sabe que trabajó realmente duro. Vivió la vida de un hombre humilde.

RICKY CLEMENTE: Ser su hijo no era difícil. Era maravilloso. Las personas realmente no saben quién soy a menos de que les diga mi nombre; entonces preguntan por papi. Creo que la mayor aspiración que papi tenía para nosotros era que trabajáramos duro y siguiéramos nuestro propio camino. Que tratáramos bien a la gente, como él lo hizo.

JUSTINO CLEMENTE WALKER: Cuando era joven, en Puerto Rico, Roberto no fue incluido en uno de los equipos de Estrellas. Al Campanis (ex ejecutivo de los *Dodgers*) estaba en Puerto Rico y se enteró. Campanis dijo: «Tiene que ser un equipo espectacular para que dejen por fuera al mejor jugador de Puerto Rico». Roberto usaba esa exclusión del equipo de las estrellas como motivación: lo hacía trabajar aún más duro.

VERA CLEMENTE: Educó a nuestros hijos con el ejemplo. Aprendieron la ética del trabajo observando a su padre. Era duro. Era difícil derrumbarlo. Creo que realmente empezó a sentirse cómodo tras unos cuantos años con los Piratas. Pienso que hacia 1956 comenzó realmente a adaptarse a estar en Pittsburgh.

ROBERTO CLEMENTE JR.: En un momento dado, papi bateaba todo. Ese año fue el verdadero comienzo del gran jugador que llegaría a ser.

A PRINCIPIOS DE la temporada de 1956 —la segunda como jugador en las Grandes Ligas—, Clemente bateó un jonrón diario durante ocho días consecutivos. Para principios de junio, los Piratas estaban en el primer lugar y Clemente tenía un promedio de .357. Eventualmente los Piratas descendieron, pero Clemente comenzaba a enloquecer a los lanzadores de las Grandes Ligas. A pesar de ello, seguía lidiando con corresponsales de prensa que lo representaban como un falso enfermo. Algunos de los periodistas que cubrían el equipo no entendían que muchos de los problemas de salud de Clemente eran reales: dolores resultantes de un pavoroso accidente de tránsito que tuvo como consecuencia un serio problema de espalda.

Clemente se sobrepuso a sus heridas porque estaba convencido de que tenía una misión: quería usar el béisbol para animar a los niños de Puerto Rico, para enseñarles a creer que ellos también podían ser grandes, en el deporte o en la vida diaria.

CLEMENTE

Alguna vez lo expresó, diciendo: «Yo no quiero lograr algo para poder decir: 'Oigan, mírenme, vean lo que hice'. Quiero lograr algo para la vida».

Mantle también sufrió numerosas heridas, pero la prensa lo aclamaba como héroe por sobreponerse a ellas. Según Clemente, «Mickey Mantle es Dios pero, si un latino o negro está enfermo, dicen que está loco».

Aunque las batallas de Clemente con la prensa llegaron a ser intensas, algo le quedó claro a muchos de los periodistas que lo cubrían. «Una cosa era evidente», dice una cita de Ira Miller, el habitual corresponsal de los Piratas. en 1972, «a pesar de todas las crisis, argumentos y controversias, era casi imposible no simpatizar con el tipo. Recuerdo la primera vez que tuve que entrevistarlo. Fue amable y agradable, como si pudiera sentir mi ansiedad de novato y procurara facilitarme la vida. Si la pregunta era especialmente incisiva, podía tomarse un momento pensando con esa mirada perpleja e infantil que tenía. Pero siempre encontraba una respuesta y la respuesta siempre era sincera».

JUSTINO CLEMENTE WALKER: La gente solía decir que era hipocondríaco. Pero él era duro. Se la jugó en medio de muchas cosas dolorosas. Los periodistas americanos no lo entendieron. Jugaba a pesar del gran dolor. Una vez, al saludarlo, le golpeé suavemente un codo. Hizo un gesto de dolor y retiró el brazo. Sufría una gran calcificación. En 1965 viajó a República Dominicana. Se puso muy enfermo y le tomó dos semanas a los médicos descubrir que tenía malaria. Estuvo tan enfermo que todos nos preguntamos si podría volver a jugar béisbol alguna vez.

VERA CLEMENTE: Tenía fiebre de 105 grados. Perdió veinte libras. El médico le dijo que no podría participar (en la temporada de 1965) porque había estado demasiado enfermo.

TONY BARTIROME: No creo haber conocido nunca a una persona más resistente. Tenía artritis en el cuello. Vivía adolorido. Yo solía masajearlo para reducir el dolor, y se sobrepuso. No era hipocondriaco, era un luchador.

ROBERTO CLEMENTE JR.: Con todas las lesiones que tenía, no entiendo cómo pudo ser un jugador tan bueno. Estaba realmente lesionado. Muchos de sus problemas físicos eran consecuencia del accidente de tránsito.

LUIS CLEMENTE: El accidente de tránsito era la causa principal de sus problemas de espalda.

VERA CLEMENTE: Siempre tenía dolor de espalda. Yo le daba masajes, eso reducía la tensión. Después de un juego, su espalda estaba realmente resentida. Pero él siempre intentaba jugar.

JUSTINO CLEMENTE WALKER: Yo iba en el auto con Roberto cuando el accidente. Fue en 1954. Veníamos de Ponce para visitar a nuestro hermano, que estaba muy enfermo. El semáforo se puso en verde y arrancamos. Otro auto se pasó en rojo y nos embistió. (El conductor estaba borracho y se estrelló contra el auto de Clemente a sesenta millas por hora. El impacto afectó tres discos de su columna y lo dejó con dolor de espalda para siempre). Roberto vio venir el auto y se tensionó. Su espalda quedó muy lesionada. El accidente sucedió el 30 de diciembre. Nuestro hermano murió el 31.

LA TEMPORADA DE 1960 cambió la vida a Clemente. Pittsburgh se convertiría en uno de los campeones más improbables en la historia del béisbol, venciendo al ilustre y gran favorito New York Yankees en la Serie Mundial. En esa temporada,

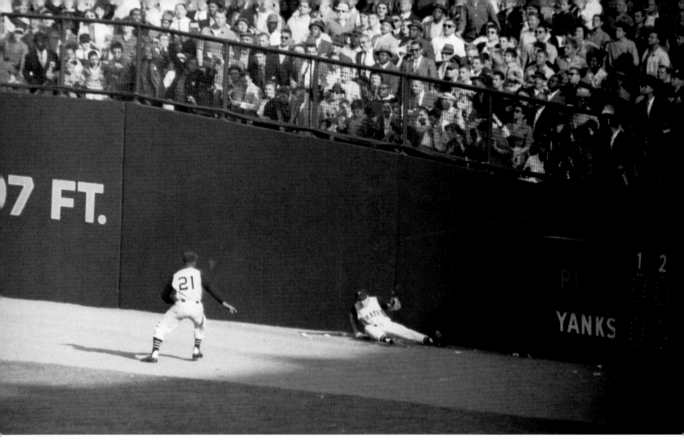

los Piratas ganaron 21 juegos en la novena entrada y 12 cuando el equipo enfrentaba dos *out*.

Roberto Clemente era el catalizador. Su campaña de 1960 marcó el comienzo de asombrosos desempeños en grandes momentos: la verdadera definición de la grandeza. Para mayo lideraba la Liga Nacional con un promedio de bateo de .353 y había sacado del juego a 19 corredores. Hubo un momento crucial en esa temporada que ilustra perfectamente las habilidades y fortaleza mental de Clemente. Sucedió en un juego en Forbes Field contra los San Francisco Giants. Willie Mays bateó una bola sobre la línea exterior derecha. La bola se deslizaba lejos de Clemente a una velocidad imposible y él la perseguía como una ráfaga veloz y agresiva. Cuando atrapó la bola se estrelló contra una pared de concreto. El golpe le produjo un corte en la quijada y, mientras levantaba el guante para mostrar que la había atrapado, la sangre de su rostro y la multitud estallaron.

Posteriormente, Clemente dejó ver otras sorprendentes combinaciones de capacidad física y coraje. Una de ellas fue en el Astrodome de Houston en 1971. Los Piratas llevaban la delantera (iban uno a cero) en la segunda parte de la octava entrada, con dos *outs*. Joe Morgan estaba en primera base y Bob Watson en el plato. Watson bateó un lanzamiento de manera muy similar a los de Mays. La bola comenzó a deslizarse decididamente hacia la esquina derecha y Clemente la perseguía. Parecía obvio que Clemente frenaría para evitar estrellarse contra el cercado, pero no lo hizo. Con el cuerpo totalmente estirado y dando la espalda al plato, Clemente atrapó la bola instantes antes de que se volviera un jonrón: se estrelló contra el cercado y cayó al suelo. Fue una jugada tan impresionante que los más de dieciséis mil fanáticos de Houston le dieron un aplauso cerrado. El golpe contra el cercado le dejó una rodilla cortada, un trauma en el codo izquierdo y heridas en el tobillo izquierdo. Debido a que el partido no fue transmitido en televisión, nunca se grabó y no fue visto por muchos.

Clemente fue al hospital para que le suturaran las heridas. Los Piratas tenían siete juegos de ventaja sobre Milwaukee. Cuando salió del hospital tras cinco días de tratamiento médico, la ventaja había descendido a dos juegos.

El 25 de septiembre, los Piratas ganaron el banderín y la ciudad de Pittsburgh ganó su primer campeonato en más de tres décadas.

LA GENTE COMENZABA a entender, aunque lentamente, lo bueno que era Clemente. Uno de los aspectos más notorios de su juego era su postura. Su bate, de 36 onzas, era casi caricaturesco por su enorme tamaño, y giraba ampliamente. La posición de sus pies tampoco era la tradicional: en lugar de situarse hacia adentro para atacar la bola, colocaba su pie izquierdo adentro o afuera, dependiendo de la ubicación de aquella. Esto le permitía golpear con mayor potencia y maniobrar mejor. «Lánzame la bola hacia afuera», explicó Clemente una vez, «y batearé cuatrocientos. Lánzamela adentro y jamás la podrás encontrar».

Cuando le preguntaron a Sandy Koufax, del Salón de la Fama, cómo lanzarle a Clemente, respondió: «*Roll the ball*» (Haz rodar la bola).

Cuando Clemente jugó en la Serie Mundial de 1960 contra los Yankees era un hombre seguro pero especialmente inquieto. Había esperado ganar el premio al Jugador más Valioso de la Liga Nacional. Se lo merecía: su bate llevó a los Piratas a un *spot place* postemporada que pocos habían previsto y, en solo 132 juegos, Clemente terminó la temporada con .341 y 86 carreras logradas. A pesar de ello parecía claro que su compañero de equipo Dick Groat ganaría el premio.

Clemente no solo no ganó el premio sino que terminó de octavo detrás de Groat. Clemente recibió un voto para primer lugar. Entonces, los reporteros de béisbol consideraban a Clemente el octavo jugador más importante en el béisbol y el cuarto más valioso de los Piratas.

JUSTINO CLEMENTE WALKER: Siempre se sintió agraviado por ese octavo lugar. Siempre le molestó, incluso años después. Nunca lo olvidó. Eso lo motivó durante el resto de su carrera. Si uno dudaba de Roberto, él se encargaba de probarte que te equivocabas.

VERA CLEMENTE: Eso le dolió mucho. Quedó estupefacto. No estaba molesto con Groat sino con la posición que le dieron. Eso fue una motivación para él.

LUIS CLEMENTE: Parecía que siempre había alguien que dudaba de papi y, entonces, él era cada vez mejor.

VERA CLEMENTE: Lo que hacía que Roberto fuera tan buen beisbolista es que era siempre el mismo. Después de un juego (de temporada), regresábamos a casa y yo le hacía la cena. Se relajaba, cenábamos y conversábamos. Después, con los juegos de la Serie Mundial, hacíamos lo propio. Era muy equilibrado y eso le ayudaba a ser un gran jugador porque nunca cambiaba su personalidad.

Recuerdo cuando alcanzó su batazo 3.000. Estaba muy emocionado. Teníamos un grupo de amigos puertorriqueños que habían estado siguiéndolo de juego en juego a medida que se acercaba a los tres mil. Regresamos al aparta-

CLEMENTE

mento y el estacionamiento estaba lleno de autos. Yo sé que él habría querido pasar un rato solo con la familia, pero quería ser amable con todos.

JUSTINO CLEMENTE WALKER: Cuando Roberto era más joven, era un bateador muy fuerte. Los lanzadores, sin embargo, trataban de retenerlo. Cuando estaba con el Santurce (el equipo de Ligas Menores de Puerto Rico), los entrenadores intentaron restringir el movimiento de sus pies y cambiar su postura. Al lado del pie izquierdo le ponían un obstáculo que le impedía moverlo. Roberto se lesionó el tobillo al golpearse contra ese obstáculo. Por fortuna nunca lograron cambiarle la postura. No se los permitió. Él sabía que le funcionaba. Así era Roberto. Si sabía que tenía razón, no podía cambiar. Ni siquiera su familia podía hacerlo cambiar. Tenía una mente muy fuerte.

Recuerdo el año 1960. Roberto estaba resuelto a ganar un campeonato. Pensaba que había llegado la hora de los Piratas. Quería probarle a la gente que las cosas que se decían de él no eran ciertas. Roberto quería demostrar que el pelotero puertorriqueño podía ganar partidos importantes. Creo que algunas personas pensaban que los jugadores puertorriqueños no eran tan buenos como otros.

LUIS CLEMENTE: Creo que también quería probar que era tan bueno como Willie Mays.

JUSTINO CLEMENTE WALKER: Estaba orgulloso de haber atrapado esa bola —la bateada por Mays— pero le dolía todo. (Risas). Tuvieron que cocerle muchos puntos.

Cuando regresó a casa (a Puerto Rico) tras ganarle a los Yankees, llegó al aeropuerto y encontró a miles de fanáticos esperándolo. Nos abrazó a todos nosotros —los miembros de su familia— y luego la multitud lo levantó en hombros.

Clemente superó el dolor que le provocó la octava posición y, más de una década después, surgió victorioso de una dramática carrera hacia los tres mil batazos, algo que logró en el último fin de semana de la temporada de 1972. De hecho, fue el último partido de béisbol que jugó en su vida. Él fue el primer latino en alcanzar esa marca y el undécimo en la historia en lograrlo. En la ruta obtuvo dos títulos de la Serie Mundial, un premio al Jugador más Valioso de la Serie Mundial y uno en la temporada de 1966, cuatro títulos de bateo y doce Guantes de Oro (en las doce últimas temporadas que jugó). Para cuando su carrera terminó, había jugado más partidos, tenía más carreras impulsadas, más presencia en el bate, más batazos, más sencillos y bases totales que cualquier otro jugador en la historia de los Piratas. Clemente logró todo eso a los 38 años.

Clemente fue uno de los peloteros fundamentales en una de las grandes épocas del béisbol —junto a jugadores como Mays, Aaron y Mantle— y era tan talentoso como cualquiera de ellos. De hecho, su promedio de bateo de .317 es más alto que el de esas tres leyendas. Los Piratas ganaron dos de sus siete Series Mundiales en gran parte debido a que Clemente bateó bien en los catorce partidos.

En 1971, Clemente era uno de los peloteros más temibles. Tuvo un promedio de .341 para el año y Pittsburgh ganó el banderín. A pesar de ello, los medios seguían pasándolo por alto y solo dejaron de hacerlo en la Serie Mundial contra Baltimore. Décadas antes, como jugador en la liga profesional de Puerto Rico, Clemente había dado muestras de una increíble habilidad para poner fuera a los corredores de bases desde el fondo del jardín central. Ahora su brazo volvía a lucirse en una de las exhibiciones más sorprendentes en la historia del campeonato. Además, bateó .414 y fue elegido el Jugador más Valioso de la serie.

En «el club house», tras el séptimo juego, se le pidió que dijera unas palabras. Indicó que antes de hablar en inglés quería decir unas palabras en español: «En el día más grande de mi vida a los nenes la bendición mía, y que mis padres me echen la bendición en Puerto Rico». Estas fueron las primeras palabras pronunciadas en español en vivo vía satélite.

Clemente atrajo la atención del ensayista Roger Angell, uno de los principales escritores deportivos de la época, que escribía sobre béisbol para *The New Yorker*. No podría haber un símbolo mayor del ingreso de Clemente a la vida estadounidense que el hecho de que Angell, el graduado de Harvard, escribiera una crónica sobre sus proezas en la Serie Mundial. Antes del séptimo juego, Clemente le dijo a Angell: «Quiero que todo el mundo sepa que así juego siempre. Toda la temporada, todas las temporadas... Di todo de mí en este juego».

En su libro *The Summer Game*, publicado en 1972, Angell escribió: «Allí estaba... Clemente jugando un béisbol que jamás habíamos visto, lanzando, corriendo y bateando en un nivel cercano a la perfección absoluta; jugando para ganar pero también jugando como si el juego fuese una forma de castigo para todos los demás en el terreno de juego».

Las historias como la de Angell eran importantes porque no solo eran un reconocimiento a Clemente sino también una manifestación de apoyo. Angell le dio permiso a los fanáticos para dejarse cautivar. Sin embargo, a pesar de esos logros, en algunos aspectos Clemente siguió sin recibir el aprecio que merecía. *Sports Illustrated* le informó que aparecería en la portada de la revista cuando alcanzara los tres mil batazos. No obstante, quien apareció en portada fue Joe Namath. Incluso en Pittsburgh, que siempre ha celebrado con fervor los logros de sus estrellas locales, el principal periódico no encabezó la sección deportiva con los tres mil batazos de Clemente. En su lugar, encabezó con la derrota de los Pittsburgh Panthers, el equipo universitario de fútbol.

Pero algunos estaban realmente cautivados. Tal era el caso del comisionado Bowie Kuhn, quien se refirió a Clemente como «la realeza del béisbol».

Pocos entendieron el gran impacto que Clemente llegaría a tener, o que era un hombre mucho más multifacético de lo que cualquier miembro de su familia o amigo cercano pudiera imaginar. Estaba al tanto de la política nacional y manifestaba abiertamente su indignación ante el hecho de que, en una nación tan rica, aún existieran el hambre y la pobreza. Realizaba actos de generosidad sin tener a un asesor de relaciones públicas al lado o afuera de las ruedas de prensa.

Cuando grababa comerciales y campañas en Puerto Rico, tomaba el dinero —a veces decenas de miles de dólares— y lo donaba a diversas obras de caridad en la región. En 1970, durante «La noche de Roberto Clemente», dedicada a rendirle honor, recibió seis mil dólares del equipo —hoy día la cifra equivale a unos 33 mil—. Roberto donó ese dinero a un hospital infantil en Pittsburgh. En el momento, pocos lo supieron. Clemente salía con bolsas llenas de monedas y se las regalaba a los pobres que encontraba en las calles. Él dio la mayor parte de los 700 dólares necesarios para darle prótesis de piernas a un chico de doce años condenado a la silla de ruedas. Sus visitas a los hospitales eran frecuentes y casi nunca difundidas. «Dias antes de operar, los doctores le pedían a papi que hablara con los pacientes», comenta Luis. Un año antes del accidente de avión, Clemente estaba planeando abrir un modesto consultario médico para tratamientos quiroprácticos en Puerto Rico.

Clemente entraba a las habitaciones de los hospitales sin anunciarse y los pacientes sonreían como si hubieran visto a Dios.

Clemente fue uno de los primeros atletas profesionales que entendió cabalmente que el poder y la riqueza no deben transformar a un solo individuo, sino que pueden actuar como motores para transformar la vida de muchos. Una vez Clemente se convenció de eso, su vida y la de su familia cambiaron para siempre. «Lo que mi padre creía era que podía usar el béisbol —y la fama que el béisbol le daba— para ayudar en grande a la gente», dice Roberto Jr.

Un año antes del accidente de avión, Clemente estaba planeando abrir un modesto centro médico en Puerto Rico, no lejos de su casa. Vera le ayudaría. Dedicaría unos cuantos años más al béisbol y luego se centraría en su familia y en la labor de curar a otros. La vida de Clemente se estaba organizando.

Clemente pasó tres semanas en Nicaragua a principios de 1972 y, como en muchos otros lugares, conoció a una cantidad de personas. Tres días antes de Navidad, Clemente y Vera se despertaron en Puerto Rico con la noticia de que una serie de terremotos había arrasado con Managua.

«Recuerdo a mi padre muy triste», dice Roberto. «Luego comenzó la actividad en la casa. Sabíamos que algo grande se estaba cocinando».

«Papi logró comunicarse con un radioaficionado en Managua», afirma Luis, «y le preguntó: '¿Qué necesitan?'. La ciudad estaba destruida. Necesitaban de todo».

En muchas partes del mundo se comenzaron a organizar campañas de ayuda humanitaria y surgió la idea de hacer algo similar en Puerto Rico bajo el liderazgo de uno de sus ciudadanos más famosos. Poco después, Clemente se encontraba a bordo de un antiguo DC-7 sobrecargado de suministros para el destruido país.

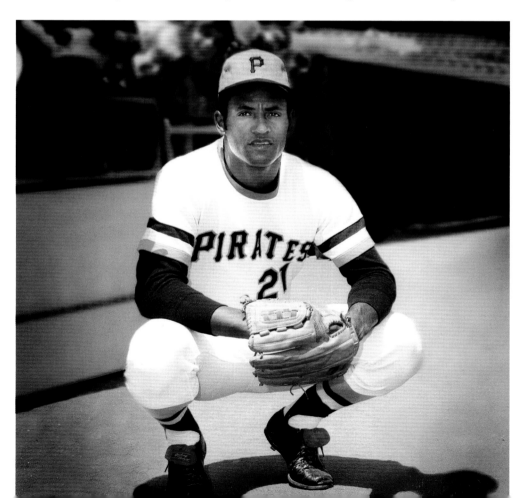

CAPÍTULO DOS

SACRIFICIO

LUIS CLEMENTE: Algunas veces me hace mucha falta mi padre. Hace no mucho estaba viendo *61**, una película sobre el intento de Roger Maris y Mickey Mantle —los jugadores de los New York Yankees— de romper el récord de temporada de 60 jonrones. De repente estallé en llanto. Lloraba desconsoladamente. Fui al baño, me lavé la cara y me miré al espejo. Comprendí que así lloraba cuando era niño. No me había sentido así en muchos años. Extrañaba terriblemente a papi. Siento que de vez en cuando papi se acerca a mí.

Ese día, al mirarme en el espejo, entendí algo más. Entendí que esa sensación de ser un niño no se repetiría jamás. La verdad es que nunca fui niño. Roberto tampoco. Desde el momento en que papi murió, hemos trabajado para continuar su legado. Hacerlo es un honor y algo que amamos, pero la verdad es que nunca fuimos niños. Nunca hemos tenido nuestra propia vida. Ricky y yo nos quedamos en Puerto Rico; Roberto ha pasado la mayor parte de su vida en Estados Unidos. Ricky teme volar después de lo que le sucedió a papi.

El apellido Clemente en Puerto Rico es de gran valor y la familia lo protege a toda costa, incluso si tienen que sacrificar parte de sí mismos para hacerlo. No lo decimos para ganar simpatías. Yo me siento así. Mi padre murió hace mucho tiempo y, hoy día, se le sigue dando su nombre a edificios y calles. Me siento personalmente responsable de la protección de su nombre.

Es necesario entender a mi padre para saber cómo somos en la familia. Él era una persona muy sincera. Si le preguntabas cómo estaba, él pensaba que lo hacías sinceramente y te decía: «Sabes, me duele la espalda; me duele aquí y acá». Esa sinceridad era algo fundamental en su forma de ser y le ayudó a preocuparse por la gente. Era muy franco cuando se topaba con la injusticia —y no solo contra una raza en particular, sino contra todas las personas—. Todos sentimos que debemos proteger eso. Sé que repito esto con frecuencia pero es por eso que hacemos lo que hacemos.

Un día, hace poco, tuve una reunión con un funcionario del Gobierno puertorriqueño. Después entré a un bar local, un lugar al que había entrado muchas veces antes, y me acogieron calurosamente. Hay un hombre en ese bar que siempre me saluda y yo lo saludo, pero de ahí no pasábamos. Ese día el hombre decidió extenderse tras el saludo y se acercó a mí. Estaba ligeramente borracho y tal vez ése fue el motivo por el que me habló con brusquedad:

—Tengo que decírtelo, te he observado —me dijo—. Lo primero que haces es

saludar a todo el mundo. Eres encantador pero, tengo que preguntarte, ¿estás viviendo tu vida? Porque siempre que te oigo, hablas de tu padre. Lamento mucho decírtelo, pero tu padre está muerto.

—Con relación a su padre, hay una página casi en blanco en la vida de los hijos —dice el amigo y confidente Chuck Berry, quien conoce a la familia desde hace décadas—. Nunca tuvieron la oportunidad de tener una relación cercana con su padre a causa del accidente. Tan solo les quedó la tarea de intentar vivir a la altura de su leyenda.

»Creo que si se sentaran donde el psiquiatra y hablaran de la presión de crecer como hijos de Roberto Clemente, veríamos muchas lágrimas. Son unos chicos perfectos en muchos sentidos. Son compasivos, inteligentes, de buen corazón, como su padre. Pero imagine lo que es vivir a la altura de su padre.

Ambos hijos jugaron béisbol pero no lograron ser como su padre. Desde luego, no muchos hombres en la historia del deporte lo han logrado. En junio de 1986, con 19 años y jugando con los Pittsburgh Piratas —el equipo de su padre—, Luis tenía pro-

blemas. Había bateado .235 el año anterior y ese verano fue peor. Los Piratas lo querían con ellos, pero Luis sabía que todo había terminado.

—No estaba dispuesto a ser un símbolo —dice hoy—. Me voy a romper el lomo y si consideran que no puedo jugar en el nivel de las grandes ligas, está bien. Pero no voy a ser un espectáculo ni un boleto.

—Mi hijo me preguntó una vez: «Papi, ¿cuál es la ventaja de ser nieto de Roberto Clemente? La gente espera tanto de uno...» —cuenta Luis—. Le respondí: «Tienes que verlo de otra forma. Tienes mucha suerte. Tu abuelo sigue impactando a muchas personas».

La familia Clemente también ha enfrentado el dilema de tantas otras familias de famosos: decir «no».

—A veces quiero mandar al diablo a las personas que quieren sacar ventaja, pero no puedo —dice Luis—. No podemos. Mamá no nos lo permite. Ella no quiere herir a nadie. Nunca dice no. Ella asume los problemas de todos.

Cuenta Roberto que una vez le dijo a su mamá: «Me has hecho daño porque la palabra 'no' no está en mi vocabulario».

—Algunas veces nos hacemos daño a nosotros mismos por no saber decir «no» —concluye Roberto.

VERA CLEMENTE: Roberto aún tiene impacto sobre los niños de Puerto Rico. Leen so-

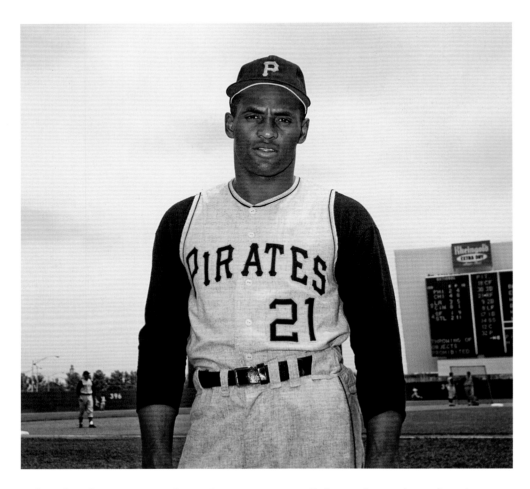

bre él en los textos escolares. Les enseñan que Roberto fue un buen hombre y que deben tratar de ser como él.

LUIS CLEMENTE: Después de tantos años, la gente todavía me pregunta por papá. Quieren saber cómo era.

ROBERTO CLEMENTE JR.: En Puerto Rico todavía se usa su nombre para darlo a escuelas.

CLEMENTE

VERA CLEMENTE: La gente se acerca a la casa a hacernos preguntas sobre Roberto. Hace mucho tiempo que sucede eso. Después de las dos Series Mundiales, nuestra casa se llenaba de extraños. Roberto acogía a todo el mundo.

LUIS CLEMENTE: La gente bautiza a sus bebés Roberto Clemente. Le envían el certificado de nacimiento a mamá para que lo firme. Ella los firma, escribe una nota amable y se los envía de vuelta. Quieren que mamá lo firme para poder explicarle a sus hijos cuando sean mayores el motivo por el que les dieron ese nombre.

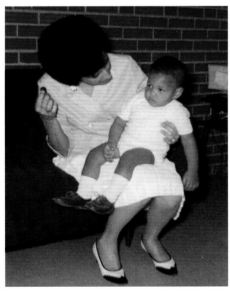

RICKY CLEMENTE: Papi era maravilloso pero mamá es increíble. Miren lo que ha hecho. Nos crió sola cuando papi murió. Nunca se ha compadecido de sí misma. Nunca ha abusado del apellido Clemente. Es una persona fabulosa.

VERA CLEMENTE: Roberto me decía: «Moriré joven y no llegaré a viejo. Probablemente te volverás a casar». Yo le respondía: «No digas esas cosas. No hables de cosas tristes. Dios no quiera que te suceda nada; nunca me volveré a casar».

ROBERTO CLEMENTE JR.: Mamá tomó esas palabras como una promesa a papi. Nadie la habría culpado si se vuelve a casar, pero ella está dedicada a él.

LUIS CLEMENTE: Nuestra madre es una santa. Es lo que oirán decir a todos. Acoge en su casa a todo el mundo. Es amable con todos. Papi le decía todo el tiempo que él iba a morir joven. Ella le respondía: «Deja de decir esas cosas». Pero él lo repetía y le recomendaba a mamá que, si moría joven, ella tendría que seguir su vida. Pero mamá ha sido absolutamente leal a él. Nunca ha tenido una cita ni para almorzar.

También creo que una parte de ella espera que algún día, de alguna forma, papi regrese. Que entre por la puerta del frente y esté de nuevo en casa.

ROBERTO CLEMENTE JR.: Mi reto ha sido algo diferente del resto de la familia. Yo me llamo igual a papi: Roberto. Cuando me presento ante las personas que conocen superficialmente el legado de mi padre, reconocen el nombre. Cuando conozco a personas que lo conocen bien y lo aprecian, me miran de otra forma. Para algunos, yo soy Clemente y se comportan según eso.

60   CLEMENTE

Una vez estaba en Pittsburgh y me detuve para ayudar a una mujer que tenía una rueda pinchada. Estaba muy agradecida y comenzó a hablarme.

—¿De dónde eres? —me preguntó.

—Soy de Puerto Rico.

—¡Puerto Rico! De allá es Roberto Clemente. Fue un hombre maravilloso. Y ¿cómo te llamas?

—Roberto Zabala. (Se ríe).

Hay fotos mías en las que salgo en pañales y balanceando un bate de béisbol. Intentaba ser él. Jugué béisbol profesional como mi padre. En 1984, cuando tenía 18 años, lo único que me preguntaban durante el primer entrenamiento de primavera con los Philadelphia Phillies era qué se sentía ser Roberto Clemente. Las personas que

62

conocieron a papi siempre me hablaban de su forma de batear. «Podía batear al jardín derecho. Podía hacer esto y aquello». Yo me limitaba a escucharlos. Amo a mi padre pero yo soy otra persona.

Incluso cuando tenía siete años, luego de los días terribles que le siguieron a su muerte, me convertí en él casi instantáneamente. Nunca pude llorar su muerte. Nunca fui capaz de llorar. Me decían: «Ahora eres el hombre de la casa. Tienes que ser fuerte por tu mamá». Inmediatamente después del accidente, fui a la escuela. En realidad, no disfruté nunca mi infancia.

A medida que pasaban los años y todos seguían recordándome que mi padre ya no estaba, o que me parecía mucho a él, pensé en algo drástico. Tenía trece años. Me acerqué a mamá y le dije: «Quiero cambiar mi nombre». Ella respondió: «Todo se arreglará. Todo mejorará». La presión de ser Roberto Clemente era tal que, en ese momento, yo no quería ser Roberto Clemente.

Luego los hijos hablan una vez más sobre su madre y surge la palabra «sacrificio». Es evidente que la aman. De hecho, la adoran.

—Lo mejor que hizo mi padre fue escoger a la esposa perfecta y a la madre perfecta para sus hijos —dice Roberto.

—Ella rescató a la familia —agrega Luis.

—¿Rescató?

—La familia podría haberse derrumbado tras la muerte de papi —agrega Luis—. Podríamos habernos desmoronado. Ella nos mantuvo juntos. Es una mujer fuerte.

Los hijos también tienen claro que ella sigue estando profundamente vinculada con su padre.

—Ella aún lo llora —dice Roberto—. En esencia, ella sigue casada con papi.

CAPÍTULO TRES

RECUERDOS

ROBERTO CLEMENTE JR.: Para mí, él siempre está flotando.

TONY BARTIROME: Tenía unas manos inmensas, fuertes. La gente solía pensar que era un tipo grandote, por lo que bateaba con tanta potencia. Pero no era así, y menos con los estándares de hoy día. Llegaba al entrenamiento de primavera con 185 libras. Al final de la temporada pesaba 181. La potencia surgía de sus manos.

LUIS CLEMENTE: Recuerdo cuando éramos niños y jugábamos con pistolas de juguete. Estábamos disparándole a una puerta corrediza de vidrio. Ya era tarde y gritábamos mucho. Papi cerró la puerta. Tenía manos muy grandes. Nos tomó de la cabeza y dijo: «Ahora se van a la cama».

ROBERTO CLEMENTE JR.: Si estaba haciendo algo que no debía, él simplemente me miraba y yo dejaba de hacerlo. No necesitaba decir una palabra.

LUIS CLEMENTE: Ahora Ricky es el que más se parece a papi. Es asombroso. Ricky es callado pero muy divertido. Bromea mucho. Siente el mismo respeto por la gente que sentía papi. Si va conduciendo y se topa con la caravana de un funeral, apaga la radio.

RICKY CLEMENTE: Yo era demasiado pequeño para conocer realmente a papi, pero sé todo sobre él. Intento tratar a las personas como él lo hacía.

JUSTINO CLEMENTE WALKER: Roberto se preocupaba por las personas a las que no conocía. También entendía el impacto que podía tener en sus vidas con tan solo saludarlas, o yendo a los hospitales a visitar a los pacientes. Asistía a funerales de desconocidos. Solía decir: «Yo voy al funeral de todo el mundo, pero tal vez nadie asista al mío».

LUIS CLEMENTE: Piense en la ironía de mi padre preguntándose si alguien iría a su funeral. Nunca tuvo un funeral.

STEVE BLASS: Roberto podía ser serio, pero la gente olvida que también podía ser muy, muy divertido. Bromeaba todo el tiempo. Una vez me le acerqué y le dije: «Si alguna vez venden mi pase y tengo que enfrentarte, te lanzaré adentro». Y me respondió: «Si me lanzas la maldita bola adentro, la batearé a Harrisburgh».

VERA CLEMENTE: Teníamos un órgano en casa y él lo tocaba. Lo tocaba con un dedo. Tocaba una armónica (Hohner) mientras conducía.

LUIS CLEMENTE: Mi padre amaba a los Estados Unidos y también estaba muy orgulloso de ser puertorriqueño. Quiso que todos sus hijos nacieran en Puerto Rico y así fue.

ROBERTO CLEMENTE JR.: (Riendo). Quería que yo jugara béisbol y me aconsejó lo siguiente (vuelve a reír): «Pero no seas *catcher*. Las rodillas se te dañan».

CLEMENTE

Esos son los recuerdos de la esposa, los hijos y los hermanos. Roberto Jr. recuerda que se levantaba e iba en busca del desayuno. En la cocina había una mesa llena de pollo, carne y huevos. La licuadora retumbaba mientras Clemente hacía un brebaje de clara de huevo, azúcar y jugo de naranja o uva. Ésa era frecuentemente su última comida antes de ir al parque.

Roberto Jr. recuerda a su padre viendo películas de terror en la noche y durmiendo a ratos durante el día; esto último es algo común en la vida de un beisbolista.

A la puerta del hogar de los Clemente, en Puerto Rico, llegaban extraños. Clemente les abría la puerta y conversaba con ellos. Y a veces durante horas. Algunos llegaban a la casa en silla de ruedas, en muletas o sufriendo fuertes dolores. Clemente les masajeaba la espalda o las piernas como lo hacen los fisioterapeutas y quiroprácticos; cuando se iban, el dolor había desaparecido. Algunas veces, como retribución, o tan solo para adularlo, las personas dejaban regalos en la puerta.

—Uno de los grandes recuerdos que tengo es de cuando entendí por primera vez la gran estrella que era, y eso sucedió inmediatamente después del accidente —explica Roberto—. Llegamos a la casa y había helicópteros y policías por todas partes.

Después de la caída del avión, en esa playa a la que llegaron miles de personas esperanzadas, y luego dolientes, estaba Willie Montañez. Clemente había tenido un profundo significado en la vida de Montañez casi una década antes del infame vuelo. Montañez era un pelotero prometedor y los

LOS ARTISTAS Y BUENOS
PELOTEROS MOME (EL
HIJO DE MELCHOR) Y
PEPE PAGÁN DE VISI-
TA EN CASA DE
VITIN SÁNCHEZ -
TEANECK, N.J.
JUNIO 28, 1969

Piratas estaban muy interesados en él. Pocas horas después de terminarse la temporada de 1963, alguien golpeó la puerta de Montañez en Puerto Rico: «Oye, Willie», le dijo su hermano. «Roberto Clemente está aquí».

Clemente había llegado sin anunciarse y llevaba un mensaje. Quería que Montañez supiera que era lo suficientemente bueno como para jugar en las Grandes Ligas. Pero había algo más, de igual importancia, que el joven jugador debía saber: «Eres un buen jugador, suficientemente bueno como para jugar en los Estados Unidos», le dijo Clemente. «No creo, sin embargo, que te ofrezcan el dinero que vales. Puedes recibir más si esperas o si hablas con otros equipos. No cometas el error de venderte por menos de lo que vales».

RECUERDOS...

—Él está en segunda base —recuerda Steve Blass, un lanzador de los Piratas—. Esto es después de su bateo 3.000. Tiene un pie en la base y las manos en la cadera. Los fanáticos gritan enloquecidos pero él sigue ahí de pie, como una estatua. Es la esencia de la dignidad, el orgullo y la elegancia. Ésa es la imagen que guardo de él.

—Nunca cometió un error en el diamante —recuerda Joe Brown, el *manager* general de los Piratas entre 1956 y 1976—. Nunca lanzó la pelota a la base equivocada, nunca dejó de tomar la base extra, nunca le hicieron un *out* cuando buscaba la base extra. Fue, simplemente, el jugador más inteligente que jugó en mi equipo.

—El tamaño de sus manos solo era superado por el tamaño de su corazón —dijo alguna vez su amigo Luis Mayoral—. Uno de mis recuerdos de Roberto más perdurables es también el último. Cuatro días antes de que viajara a Nicaragua con la ayuda humanitaria para las víctimas del terremoto, él estaba en el estadio Hiram Bithorn, en San Juan, cargando cajas de suministros y bolsas de ropa. Él podría haberse limitado a prestar su nombre a la campaña humanitaria o haber hecho un anuncio de servicio social. Pero allí estaba, perdone la expresión, trabajando como una bestia y con mirada resuelta. La misma mirada que tenía en el parque del Three Rivers Stadium.

—Roberto era cortés y callado —recuerda el fotógrafo Ozzie Sweet—. Contestaba las preguntas, pero no era el tipo de persona que inicia la conversación. Su expresión era seria pero, cuando apoyaba su gorra sobre el corazón, el momento se volvía especial.

Un artículo sobre Clemente publicado en una edición de *Sport Illustrated* de 1992 lo representa muy bien. La revista decía: «Hacia el final de su carrera ingresó a un alma-

cén en Pittsburgh a comprar cerámicas y el dueño se rehusó a cobrarle. 'Clemente, seguramente no lo recuerdas', le dijo el hombre, 'pero cuando yo era un niño de 10 u 11 años, estaba sentado en las graderías de la derecha en Forbes Field mientras tú jugabas. Me lancé a recoger una bola mala pero un hombre mayor me la quitó. Me senté y lloré. En el siguiente *inning* te acercaste y me dijiste: "Aquí tienes una pelota a cambio de la que te quitaron". Esa pelota siempre ocupó un lugar de honor en mi casa. Por eso no te puedo cobrar'».

—En 1970 yo había bateado .325 a mediados de la temporada —recuerda Félix Millan, jugador en Atlanta en la época de Clemente—, y una noche durante la cena le dije a Roberto: «Creo que este año puedo batear .300». Se puso furioso. «Si crees que puedes batear .300», me dijo, «batearás .280. Si crees que .325, entonces batearás .300». Seguí su consejo y terminé con .310.

Clemente se sentía orgulloso y protegía la herencia de los peloteros latinos, cosa que a veces lo hacía volverse cauteloso o ponerse a la defensiva. En 1967, los Piratas se habían convertido en mercancía y a algunos de ellos, incluyendo a Clemente, se les pidió que formaran parte de una escena en la película *The Odd Couple*. Clemente aceptó la invitación, por la cual pagaban 100 dólares. El libreto exigía a Clemente batear un *triple play*. Clemente se fue a casa, lo pensó y al día siguiente estaba bastante molesto con la idea. Cito nuevamente a *Sports Illustrated*: «Al día siguiente uno de los productores se acercó a él y lo saludó: 'Hola, Roberto. ¿Cómo está mi viejo amigo?'.

»'No soy viejo, no soy su amigo y no voy a participar en su película —le respondió Clemente—. ¿Cómo te parece eso, viejo amigo?'.

»Luego Clemente se dirigió a un compañero de equipo y le dijo:

»'Nadie compra barato a Roberto. Tengo mi orgullo. Soy un héroe para mi gente.

¿Acaso creen que Roberto Clemente nació ayer? ¿Le pedirían a Cary Grant que juegue béisbol por cien dólares? Si los fanáticos en Puerto Rico me ven batear un *triple play*, no lo entenderán'.

»Ése es el motivo por el que, en *The Odd Couple*, Bill Mazeroski batea el *triple play*».

No era el ego de Clemente quien hablaba. Era la experiencia porque, mientras jugaba béisbol en los Estados Unidos, él fue testigo de las constantes faltas de respeto hacia los peloteros latinos —y las sufrió en carne propia. Más que faltas de respeto, Clemente tuvo que enfrentar un rotundo racismo que lo convertía —a él, que era un hombre amable— en un hombre seco y airado. Ese racismo también lo confundía porque a Clemente le habían inculcado que el color de las personas no tiene ninguna importancia.

—No creo en el color, creo en las personas —dijo Clemente en una de las últimas entrevistas que le hicieron antes de su muerte—. Respeto a todo el mundo y, gracias a Dios, mis padres me enseñaron a no odiar o tenerle aversión a alguien por causa de

CLEMENTE

CLEMENTE

su color. Yo ni siquiera conocía el racismo cuando llegué a Pittsburgh.

Luisa Walker de Clemente, la madre de Roberto Clemente, contribuyó a infundirle muchos de sus nobles valores. Una vez compartió un recuerdo de su hijo: «Roberto nació para jugar béisbol».

JUSTINO CLEMENTE WALKER: Nosotros no éramos tan pobres como nos muestran a veces. Éramos una familia sencilla. Ninguno de nosotros nació en hospitales. Todos nacimos en la casa. Éramos muy unidos.

LUIS CLEMENTE: Mi padre nunca fue repartidor de botellas de leche para ganar dinero. Eso nunca sucedió. Es solo un mito.

VERA CLEMENTE: Los padres de Roberto trabajaban duro. Eran buenas personas. Formaron una buena familia.

JUSTINO CLEMENTE WALKER: No nos iba tan mal como a nuestros vecinos. Fuimos la primera

CLEMENTE

casa con radio. Los amigos iban a la casa a escuchar los programas de radio.
(Ríe). No hubo botellas de leche. Lo que pasa es que Roberto era un líder y,
desde muy joven, fue muy apasionado.

Cuando Roberto tenía doce años, hubo un choque y Roberto sacó a un
hombre del incendio.

En su escuela no había verjas. La gente quería que pusieran una para proteger la escuela. Él organizó a la gente para recolectar fondos para construirla.
Tenía once años. Si algo lo apasionaba, nadie lo hacía cambiar de idea, ni si-

quiera la familia. Por esa pasión tuvo problemas como jugador en los Estados Unidos.

CLEMENTE SOLÍA BROMEAR y decir que había heredado su potente brazo —con el que parecía que podía sacar de circulación hasta a los habitantes de otro planeta— de su madre, Luisa. Era uno de cuatro atléticos hijos (de un total de siete hijos e hijas) y, para mantenerlos a raya, Luisa desarrolló una tremenda fuerza en los brazos. Roberto

Clemente era el menor de los hijos de don Melchor Clemente y Luisa Walker. Nació el 18 de agosto de 1934, en Río Piedras. No debe sorprender que la familia fuera atlética. Su hermano Justino fue jugador de béisbol aficionado y, algunos que lo vieron jugar, consideran que era tan talentoso —o más— que Roberto.

Aunque Clemente tenía una estricta ética de trabajo, la muy repetida historia según la cual se levantaba al amanecer, repartía pesadas botellas de leche por las casas del vecindario, ganaba treinta centavos al mes y luego iba a la escuela, nunca sucedió. La historia ha sido repetida en artículos y libros durante tanto tiempo, que se cree que es verdadera. La historia tan solo satisfacía a algunos que querían ver a Clemente como un niño puertorriqueño pobre y sin educación, rescatado del infierno por el béisbol norteamericano.

En el libro *Roberto Clemente* de Ira Miller, el autor internacional de United Press, escrito inmediatamente después de la muerte de Clemente, Miller habló con María Isabel Caceres —profesora de Historia en el Instituto Julio Vizcarrondo, en Carolina, Puerto Rico. Clemente se sentaba en la parte trasera del salón y rara vez alzaba la mano. De niño era terriblemente tímido. (Posteriormente, Clemente pagó por una cirugía que Caceres tuvo que hacerse y, tras ingresar en los Piratas, visitaba la escuela todos los años después de la temporada. Su intención era visitarla tan pronto regresara del viaje a Nicaragua, cosa que casi nadie sabía en el momento, pues él nunca lo anunció).

Aunque Clemente era tímido en la escuela, en el diamante de béisbol —o cualquier otro campo deportivo— era dominante. Fue la estrella del equipo de béisbol de su

CLEMENTE

secundaria durante tres años consecutivos y también el mejor en su equipo de atletismo, capaz de saltar seis pies de altura, 45 pies en el salto triple y lanzar la jabalina a 195 pies. Si no hubiese sido por el béisbol, es muy probable que Roberto habría formado parte del equipo olímpico de Puerto Rico y participado en las Olimpiadas de 1952. El equipo se habría beneficiado con él: ese año los atletas puertorriqueños no ganaron ninguna medalla.

Lo que hace aún más sorprendentes las habilidades de Clemente, en comparación con muchos de los atletas de hoy en día, es que él no usaba esteroides ni sofisticados

CLEMENTE

programas de entrenamiento. Su entrenamiento, incluso como pelotero profesional, consistía en correr y levantar pesas. Nadie lo vio nunca levantar más de diez libras para fortalecer sus bíceps.

Clemente tenía varios álbumes de recortes con sus logros desde antes de entrar a la escuela secundaria. Justino los tiene en su casa de Carolina, en un sótano lleno de recuerdos de Roberto. Sus notas manuscritas se intercalan en los libros de fotos y recortes de periódico. Leerlas es sorprendente, es como escuchar a Clemente hablar. Una nota dice: «Me gustaba tanto el juego que, aunque el parque estaba embarrado y lleno de árboles, pasaba muchas horas diarias jugando». Otra: «Las verjas estaban como a 150 pies de la base de bateo y yo solía batear muchos jonrones. Un día bateé diez jonrones en un juego que comenzó a las 11 a.m. y terminó como a las 6:30 p.m.».

El parque en el que Clemente jugaba béisbol cuando estudiaba en la secundaria es ahora un estadio. Y su nombre es Estadio Roberto Clemente.

MANNY SANGUILLÉN, compañero de los Piratas: No sé si la gente entiende lo atlético que era desde muy joven. Podía hacer cualquier cosa. Podía correr más rápidamente que todos.

JUSTINO CLEMENTE WALKER: Pocos podían ganarle una carrera cuando formaba parte del equipo de atletismo.

ROBERTO CLEMENTE JR.: Mire las fotos de él jugando. Ésa era su constitución, todo es natural. Era un fenómeno.

JUSTINO CLEMENTE WALKER: Fui a todos los partidos cuando Roberto jugaba con el Santurce. Una vez estaba en el jardín y alguien golpeó la pelota por encima de su cabeza. Me escondí en mi puesto, avergonzado. Él corrió tras ella, la pelota rebotó frente a la pared exterior y él la atrapó en el suelo. Luego apoyó el pie contra la pared y sacó al jugador en tercera base. Volví a enderezarme en mi silla.

A LOS 18 años, Clemente fue a un parque donde estaba entrenando el Santurce. Los Cangrejeros se convertirían en una de las joyas escondidas del béisbol, produciendo docenas de jugadores para las Grandes Ligas. Ese día, cuando Clemente fue a ver a los Cangrejeros, con su destrozado guante, el equipo le permitió jugar de *shortstop*. El dueño de los Cangrejeros vio a Clemente y quedó impresionado. Justino tiene una copia del contrato para la temporada 1952-1953; a Clemente le pagaban 40 dólares semanales y una bonificación de 500.

El jugador y *manager* Buster Clarkson sabía que Clemente sería un gran jugador y fue él quien lo presionó para que también lo creyera. Clemente le dijo al escritor Ira Miller: «El tipo que más me ayudó fue Buster Clarkson. Él solía decirme que era tan bueno como cualquiera de los jugadores de las grandes ligas. Eso me ayudó mucho».

En una entrevista poco antes de la muerte de Clemente, Clarkson afirmó: «Podía ver que llegaría lejos. Algunos de los veteranos no estaban de acuerdo, pero yo veía la gran habilidad de Clemente. Tenía algunos puntos débiles, pero jamás repetía un error».

A lo largo de su carrera fue común que lo describieran de esa manera. Algunos eventualmente se refirieron a él como uno de los más estudiosos y mejor preparados beisbolistas en la historia, y fue esa ética la que le permitió llegar a ser casi perfecto en la defensa y poderoso en la ofensiva. En los entrenamientos de primavera, cuando sus compañeros de equipo se retiraban a la sede del club, Clemente se quedaba bateando lanzamientos imaginarios. Practicaba constantemente en su mente. Una tarde, horas antes de que los Piratas enfrentaran a los St. Louis Cardinals, Clemente estaba en la sede del club, en posición de batear y con la barbilla completamente levantada hacia el techo. Barbilla, techo, barbilla, techo. Un compañero le preguntó:

—¿Qué haces?

—Hoy enfrentamos a Bob Gibson —respondió Clemente.

Gibson es uno de los lanzadores más talentosos que ha conocido el béisbol. Cuando se enfrentaba a Clemente, solía lanzar varias bolas apenas bajo la barbilla de Clemente.

—Era diestro con la pelota y escuchaba —continúa Clarkson, refiriéndose a Clemente—. Escuchaba lo que se le decía y lo hacía. Mi principal labor era mantener su ánimo. No era consciente de lo bueno que era. Pero yo adivinaba su potencial. Yo tenía tres buenos jardineros pero tenía que darle una oportunidad, y él ingreso en la alineación en la primera temporada que fui *manager* del Santurce. Siempre lo ponía de jardinero derecho y a batear de primero.

En su primera temporada con los Cangrejeros, Clemente bateó .234 con 18 *hits* en 72 turnos. Como jardinero demostró ser juicioso y hábil. Clarkson, que además de manejar el equipo también era jugador, colocó a Clemente en el jardín por motivos más personales. La posición original de Clemente era de *shortstop*, pero ésa era la posición que ocupaba Clarkson. Si la historia hubiese sido otra, el béisbol hablaría hoy de Clemente como del mejor *shortstop* de todos los tiempos.

—A algunos de los viejos profesionales no les gustó mucho que un muchachito ingresara a la alineación —continúa Clarkson—. Pero Clemente era demasiado bueno. Lo maravilloso de Clemente era que jugaba duro y daba todo de sí en todos los partidos. Lo hacía cuando era tan solo un niño y siguió haciéndolo hasta su última temporada. Siempre tuvo esa agresividad. Yo lo noté desde el principio. Tal vez ésa sea la característica que la gente recuerde por más tiempo.

—Le dije —explica Clarkson— que algún día llegaría a ser tan bueno como Willie Mays. Y así fue.

CAPÍTULO CUATRO

Un hombre honorable jugó béisbol aquí

LUIS CLEMENTE: Todos amábamos el béisbol. Todos los hijos. El motivo es obvio: lo llevamos en la sangre. Jugamos béisbol desde pequeños. Intentamos jugar con la misma pasión y dedicación de mi padre. La gente siempre decía que Roberto debía ser bueno porque era Roberto Clemente, o que yo debía ser bueno porque era Luis Clemente. Había otras cosas que me encantaba hacer, pero el béisbol era algo innato.

También me encanta la música. Cuando estaba en la secundaria toqué en una

banda llamada Passage. Éramos bastante buenos. Dos de los miembros de la banda estudiaron música en la universidad. Yo me fui a Florida a jugar béisbol.

(La música de Luis recuerda a las grandes bandas de *Rhythm-and-Blues* de finales de la década de 1980 y principios de 1990).

Cuando estaba pequeño, iba mucho a la sede de los Piratas. Después de que papi murió, todos los jugadores del equipo vivían pendientes de nosotros. Pasábamos los veranos con ellos. Fueron muy buenos con nosotros y, cuando crecí y seguí jugando béisbol, ellos nos supervisaban a Roberto y a mí. Cuando yo tenía 18 años, los Piratas me ofrecieron un contrato. Estaba siguiendo los pasos de papi y me enorgullecía. No quería ser mi padre —nadie era tan bueno— pero sí quería rendirle honor.

Desde el principio me costó entenderme con el *manager* (el de las Ligas Menores,

Woody Huyke, de los Bradenton Piratas). Llegué al entrenamiento y la primera vez que lo vi me dijo: «Así que eres Clementito... Mientras estés acá, voy a hacer un hombre de ti. Si no me obedeces, regresarás a Puerto Rico».

(Luis ríe). Esa fue mi bienvenida al Béisbol Profesional.

Me esforcé pero no resultó. (Varios años después intentó retornar). Había mejorado mucho, pero estaba estudiando en la universidad, en Puerto Rico, y comencé a preguntarme si estaba desperdiciando mi vida. Iba a regresar a Puerto Rico y a la universidad. Pedí que me dispensaran pero no querían. Pensaban que tal vez mejoraría aún más y otro club me contrataría. Me pidieron que les escribiera una carta anunciando mi retiro y agradeciéndoles. Me negué.

Por conversaciones con mi madre, sé que papi tuvo sus batallas con algunos *managers* y otras personas con las que jugó al principio de su carrera. Creo que al principio, y por ese motivo, no confiaba fácilmente en la gente. Pero era muy leal. Sus antiguos

CLEMENTE

compañeros de equipo siempre dicen: «Tu padre era el mejor amigo y compañero de equipo que se puede tener». Así era con sus amigos. Era muy dedicado a ellos. Si necesitaban dinero, él les ayudaba. Si necesitaban un lugar para dormir, él les ayudaba. Sus amigos eran leales a él y les pagaba con la misma moneda. (Luis y Roberto Jr. también han dado muestras de lealtad a sus amigos. Orlando Merced creció a poca distancia de la casa de los Clemente y tenía seis años cuando Clemente murió. Sus hijos y Merced crecieron siendo amigos; luego Victor Enrique al Luis firmar le habló

PITTSBURGH		AVG	BALTIMORE		AVG
30 CASH	2B	289	6 BLAIR	CF	262
20 HEBNER	3B	271	7 BELANGER	SS	266
21 CLEMENTE	RF	341	14 RETTENMUND	LF	318
8 STARGELL	LF	295	20 ROBINSON	RF	281
16 OLIVER	CF	282	5 ROBINSON	3B	272
7 ROBERTSON	1B	271	26 POWELL	1B	256
35 SANGUILLEN	C	319	15 JOHNSON	2B	282
2 HERNANDEZ	SS	206	8 ETCHEBARREN	C	270
23 WALKER	P 10-8		37 DOBSON	P 20-8	

a los Piratas de él. No mucho después, los Piratas contrataron a Merced. Desde entonces jugó 13 años en las Grandes Ligas; seis años con los Piratas).

Mi padre nunca pedía nada a cambio y creo que por eso sus amigos se dedicaban tanto a él. Cuando murió, ellos retornaron esa lealtad.

Un día lo veríamos saltar al océano, buscando a su amigo. Un día llegaría a amar a Clemente. A amarlo como a un hermano. Lo quiso tanto que se lanzó al Océano Atlántico a buscar a su amigo bajo 120 pies de agua, sumergiéndose sin equipos mientras las olas golpeaban su cuerpo, los pájaros revoloteaban encima de él y los tiburones rondaban no muy lejos. Durante 11 días completos, mientras el presidente Richard Nixon expresaba sus condolencias y el pueblo puertorriqueño seguía aturdido, él sondeó parte del mar al lado de los buzos de la Marina estadounidense. Buscó en la arena y en las aguas azules; sondeó un arrecife a más de 50 yardas de la costa. Cinco años antes, en 1967, antes de rendirle honor a su amigo buscando su cadáver en las profundidades del océano, Manny Sanguillén se convirtió en uno de los confidentes de Clemente. Esa fue una amistad que comenzó con otro acto de generosidad de Clemente.

La primera vez que realmente se conocieron estaban en Pittsburgh. Sanguillén iba en el mismo vuelo pero Clemente no lo sabía. Sanguillén estaba en la parte delantera del avión y Clemente atrás. Cuando Sanguillén desembarcó, notó una multitud que rodeaba a otro de los pasajeros que acababan de descender del avión. La multitud empezó a formarse con unas pocas personas, que le pedían autógrafos al hombre. Luego fue creciendo: en menos de cinco minutos, ya había más de 50 personas. Sanguillén se acercó y vio que el centro de la atención era Clemente. Él lo conocía. Todo pelotero latino sabía quién era Clemente. De hecho, todo beisbolista lo sabía. Clemente firmó autógrafos durante más de una hora y Sanguillén lo esperó pacientemente.

Sanguillén se presentó cuando los admiradores desaparecieron.

—Me recibió con los brazos abiertos —afirma Sanguillén.

Sanguillén iba hacia Forbes Field; Clemente, a algún otro lugar. Sabiendo que, a pesar de haber firmado contrato con un equipo de las Grandes Ligas, el joven jugador estaría corto de dinero, Clemente le pagó el taxi al estadio.

—Nos hicimos amigos rápidamente —dice hoy Sanguillén. Mientras cuenta la historia, hablando de su búsqueda del cuerpo de Clemente en el Océano Atlántico, Sanguillén se emociona. Es algo que suele pasarle a las personas cuando hablan de Clemente. Ése es el efecto que tenía en la vida de quienes lo conocieron bien e, incluso, de quienes lo conocieron menos.

Tras la muerte de Clemente, le pidieron a Sanguillén que reemplazara a su amigo en el jardín derecho (aunque él era *catcher*). Además, le asignaron el casillero de Clemente. La carga emocional de todo ello fue surreal para Sanguillén: su amigo ya no estaba, y ahí estaba él, jugando en su posición y usando su viejo casillero.

—Me hacía tanta falta —dice Sanguillén—. Aún me hace falta.

Sanguillén y Willie Stargel —otro compañero de equipo— llegaron al hogar de los Clemente en Puerto Rico apenas se conoció la noticia del accidente. Sanguillén llevó aparte a Roberto Jr. y le dijo que todo estaría bien: «Tu padre está desaparecido, pero yo voy a buscarlo».

El accidente sucedió en un lugar llamado Punta Maldonado. Es una punta rocosa que sobresale desde la Playa Piñones hacia el Atlántico (una visita al lugar permite comprobar que allí no existe ningún tipo de monumento en honor a Clemente). Tras el accidente, el área estaba abarrotada de puertorriqueños que esperaban noticias de los buzos de la guardia costera, que sondeaban las aguas en busca de sobrevivientes o restos. El primer día de la búsqueda, un arco iris apareció sobre la playa. Y a lo largo de cada uno de los 11 días que duró la búsqueda, cientos de personas llegaron a la zona, algunos con la esperanza de que el cuerpo de Clemente apareciera, otros a ofrecer oraciones y condolencias.

Sanguillén llegó con otro compañero de equipo de Clemente. Blass se trasladó a San Juan tan pronto escuchó la noticia del accidente. Quedó aturdido por lo que vio: cientos de personas, inicialmente esperando a Clemente, luego entendiendo que no regresaría y, luego, paralizadas por ese conocimiento, esperando en la playa para manifestar su respeto, hasta que el cansancio los venciera.

—Esa gente no sabía qué hacer, así que fueron a la playa —dice Blass—. Roberto estaba allí, en alguna parte, así que fueron a la playa y esperaron.

Vera esperó con ellos.

VERA CLEMENTE: Durante los tres meses que siguieron al accidente, recibí paquetes inmensos con cientos de cartas de personas del mundo entero: en ellas expresaban su dolor ante la muerte de mi esposo y sus buenos deseos para mí. Años después seguían llegando cartas, especialmente en Navidad. Yo intentaba contestarlas pero eran demasiadas.

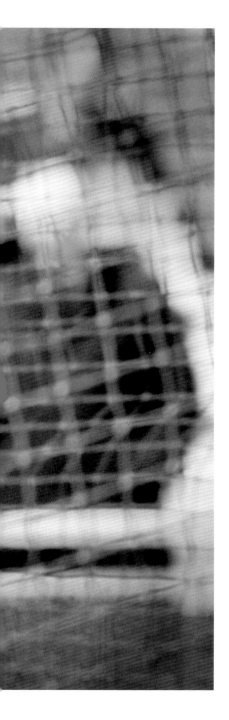

Cada tarde, durante semanas, fui a esa playa. Observaba, como todos los demás. Una vez había 50 botes en el agua girando fuera del área donde los botes guardacostas buscaban. Las personas de los bordes lanzaban ramos y coronas de flores al agua.

Luego, un día, dejé de ir.

Abrí mi casa a la gente. Es parte de la tradición puertorriqueña. Cientos de personas me presentaron sus respetos en los días después del accidente. La gobernación nos asignó protección 24 horas, pero en realidad no era necesaria. La gente estaba allí para presentar sus respetos, no para hacernos daño.

Si Babe Ruth o Hank Aaron o Branch Rickey o Rube Foster fueran nominados como patriarcas del béisbol, Vera Clemente podría ser su matriarca. Durante décadas, Vera ha entregado el Premio Roberto Clemente, concedido por las Grandes Ligas al jugador que «mejor ejemplifique el béisbol, el espíritu deportivo, el compromiso con la comunidad y la contribución individual a su equipo». Vera es conocida en el mundo del deporte. Puede entrar a casi cualquier lugar —desde Nueva York hasta Los Ángeles— y las personas la reconocen y saludan. El comisionado Bud Selig la aprecia mucho y en Puerto Rico es considerada un tesoro nacional. El trasfondo estable de ese respeto es que ella ha dedicado su vida a

hacer realidad el deseo de su esposo de ser altruista. Es una misión que nació hace 40 años en aquella playa.

En la biografía de Clemente de 1974, *Who Was Roberto?*, el escritor Phil Musick describió perfectamente la reacción inmediata en los Estados Unidos, Puerto Rico y otros lugares del mundo ante la pérdida de Clemente, cuando la noticia de la tragedia se difundió: «En la Cámara de Representantes se presentó una resolución para renombrar el aeropuerto de San Juan en honor a Clemente. Se creó un fondo en su memoria para construir la Ciudad Deportiva. Los niños de una escuela de Brooklyn pegaron monedas en una hoja para formar el número del uniforme de Clemente, el 21. Los Piratas y una fundación de Pittsburgh donaron cada uno 100 mil dólares al fondo Clemente. En una semana, el fondo contaba con medio millón de dólares. Tras ensalzar al jugador, Richard Nixon pidió a todos los estadounidenses colaborar con el fondo. En toda la isla se celebraron misas. Un día, cinco niñas pequeñas, vestidas de blanco, soltaron cinco globos blancos que flotaron sobre las flores. Un congresista de Pittsburgh pidió que se acuñara un medallón en memoria suya. Un parque fue renombrado en su honor. El editorial del *Washington Post* dijo: «Ayer en Pittsburgh, en el estadio Three Rivers, que estaba vacío, el tablero del marcador llevaba la leyenda: 'Roberto Clemente, 1934–1972'. También podría haber dicho: 'Un hombre honorable jugó béisbol aquí'».

—Nuestro pueblo ha perdido una de sus grandes glorias —dijo el gobernador electo Rafael Hernández Colón.

CLEMENTE

Sanguillén recuerda esa época muy bien, cuatro décadas después. Cuando le preguntan al respecto, su voz se hace lenta.

—Lo primero que recordarán sobre Roberto los que lo conocieron —dice Sanguillén— es que tenía el corazón más grande. Para mí era un héroe. Lo amé. Él hacía cualquier cosa por ti y, cuando murió, tuve que salir a buscarlo porque sé que él habría hecho lo mismo por mí.

—Una de las cosas que más me preguntan es cómo creo que logró convertirse en semejante beisbolista —cuenta Roberto Jr.—. Cuando hablas con los hombres con los que él jugó, todos responden que él trabajaba muy duro. Ése era el secreto. No le puedo decir cuántos de sus compañeros de equipo aún me dicen: «Tu padre practicaba y practicaba y practicaba». Fue así desde pequeño. Estaba obsesionado con los detalles. Quería que las cosas salieran bien porque respetaba el béisbol. Llegaba al estadio muy temprano y hacía que otros batearan pelotas a las esquinas del estadio para estudiar la forma en que rebotaban en las paredes de las esquinas. Tenía todas aquellas lesiones y se sobrepuso a ellas. Si tenía problemas de espalda, se sobrepo-

CLEMENTE

CLEMENTE

CLEMENTE

nía a ellos. No quería decepcionar a sus compañeros de equipo pero además se fijaba metas muy altas. Hoy vemos a algunos de los jugadores con esteroides y otras cosas. (Roberto Jr. ríe entre dientes). En esa época no usaban esteroides. Mi padre se hizo fuerte siendo activo en el béisbol y siendo un perfeccionista.

EN UNA ERA posterior, el nombre Al Campanis tendría un significado diferente. Campanis apareció en la televisión, hablando informalmente, como si estuviera sentado en

el sofá de su casa, y afirmó que los negros no tienen lo necesario para convertirse en *managers*. Décadas antes, en un pequeño campo de béisbol en Puerto Rico, Campanis no hablaba de prejuicios, ni de intolerancia, solamente de descubrimientos.

En 1948, cuando trabajaba para los Brooklyn Dodgers, Campanis asistió al estadio Sixto Escobar de Santurce. No se sentía optimista. Observó a unos 60 jóvenes bateando

y lanzando, y ninguno llamó su atención hasta que Clemente lanzó una pelota desde el fondo del jardín central hacia la base de bateo. Los ojos de Campanis repentinamente se abrieron como platos y supo que, después de todo, no había perdido el tiempo.

Inmediatamente entró a funcionar como cazatalentos. Puso a prueba a Clemente en la carrera de 60 yardas y su cronómetro de mano le indicó un sorprendente tiempo de 6,4 segundos. Era uno de los mejores tiempos récord que Campanis había visto en su vida. Se trasladaron a la jaula de bateo y Campanis quedó aún más impresionado.

Cuando Clemente comenzó a batear, Campanis despidió a los demás candidatos.

—Clemente entró a la jaula y noté que se paraba lejos del plato —según citan a Campanis—. Tenía allí a un lanzador de las Ligas Menores y le dije que mantuviera la pelota afuera. El lanzador envió las pelotas hacía el borde del plato y Clemente las bateó todas.

—Bateó *line drives* por todas partes mientras yo, al otro lado de la jaula, me decía que teníamos que contratarlo —agregó Campanis—. ¿Cómo podía dejarlo pasar? Era el más grande atleta natural que vi en mi vida como agente independiente.

Clemente tenía solo 17 años cuando comenzó a jugar con los Cangrejeros de Santurce. Años después, Campanis —a pesar de las opiniones racistas que expresó en la entrevista en televisión— mantenía colgadas en la pared de su oficina con los Dodgers tres fotografías de tres hombres a los que había descubierto y reclutado: Sandy Koufax, Jackie Robinson y Clemente. Un judío, un negro y un latino.

CLEMENTE PODÍA SER temperamental, una característica que lo acompañó durante gran parte de su carrera. No era raro que amenazara con renunciar si no jugaba. Lo que las personas de la época recuerdan es a un pelotero muy maduro para su edad, que era capaz de recibir consejos y competir con los jugadores veteranos del equipo. Y también estaba su notable sentido ético, que comenzó a perfeccionar con el Santurce.

—Roberto siempre supo manejar la presión —dice Sanguillén—. Confiaba en sí mismo. No se dejaba intimidar por los veteranos del equipo.

Tal como Clemente lo dijo numerosas veces a lo largo de su vida, fue Buster Clarkson quien más lo ayudó en esa época y, como era típico en él, jamás olvidó la ayuda que le prestó. Posteriormente, ya con los Piratas de Pittsburgh, le hablaba bien de Clarkson a quien quisiera escucharlo. Era su forma de pagarle los favores a Clarkson. Una de las cosas que Clarkson hizo fue quitarle a Clemente la costumbre de arrastrar demasiado el pie cuando comenzaba el *swing*.

—Clarkson ponía un bate tras mi pie izquierdo para asegurarse de que no lo arrastrara.

Me ayudó mucho. Yo era tan solo un muchacho, pero él insistió en que los jugadores mayores me dejaran participar en las prácticas de bateo —recordaba Clemente.

—Lo único que necesitaba de mí era que lo animara —dice Clarkson—. El primer año tenía algunos puntos débiles, pero nunca repetía un error y siempre estaba dispuesto a escuchar.

Las palabras de Clarkson hacen énfasis en un punto crítico que no debe olvidarse. Aunque nacido con sorprendentes cualidades físicas, Clemente trabajó intensamente para perfeccionarlas y eso es lo que distingue a un buen atleta de un atleta eterno.

El 19 de febrero de 1954, Clemente firmó con los Dodgers e ingresó a su sistema de ligas menores. Él, una de las figuras más importantes en la historia del béisbol, recibió cinco mil dólares por la temporada.

CAPÍTULO CINCO

HOMBRE INVISIBLE

LUIS CLEMENTE: Todos los hijos Clemente —Roberto, Ricky y yo— hemos pasado gran parte de nuestras vidas en Puerto Rico. Puerto Rico es un lugar muy agradable para crecer. Es lindo. Hay mucho sol. Hay playas. Roberto Jr. ha pasado más tiempo que Ricky y yo en el continente, pero de todas formas ha estado aquí buena parte de su vida. Uno se acostumbra a vivir aquí —la cultura, el idioma, el ritmo de vida—. No puedo imaginarme la vida de papá cuando estuvo en Canadá. Él no hablaba francés. Era un lugar muy diferente a la tierra en la que se crió. Tuvo que ser duro porque no hablaba el idioma y no conocía a nadie. Estaba totalmente solo en ese lugar extraño.

JUSTINO CLEMENTE WALKER: Lo que mucha gente no sabe es que Tommy Lasorda jugó en el equipo de Montreal. Lasorda ayudó mucho a Roberto, sobre todo con el idioma. Roberto siempre le estuvo agradecido.

TOMMY LASORDA: Él no sabía cinco palabras en inglés. Tuve que convencerlo tres veces de no renunciar y devolverse a Puerto Rico. Estaba molesto porque no lo ponían a jugar casi; los Dodgers intentaban esconderlo. Tan pronto aparecían los cazatalentos, sacaban a Clemente del juego. Eso sucedió una vez en el primer *inning*.

VERA CLEMENTE: En Montreal estuvo muy, muy solo.

MANNY SANGUILLÉN: (Ríe). Ese clima frío es duro para un puertorriqueño.

JUSTINO CLEMENTE WALKER: (Los Dodgers) lo escondían. Hizo de todo en Montreal: bateó jonrones, sacó corredores, corrió mucho. A pesar de todo, no lo dejaban jugar. Un día hablamos y le pregunté:

—¿Por qué no te ponen a jugar?

CLEMENTE

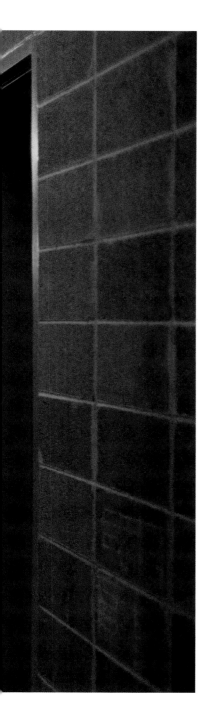

—No sé. Me siento incómodo acá. Estoy pensando largarme y no volver nunca —me respondió.

EL INGRESO DE Jackie Robinson al béisbol fue a la vez histórico, maravilloso y brutal. La entrada de Clemente no fue muy distinta pero, además, fue más complicada. Además de la diferencia racial, Clemente tenía también el problema del lenguaje. Y no solo el inglés fue un problema: también el francés. Entonces él, que había pasado su vida bañado por el sol y el español, acabó en la la parte francófona de la fría Canadá.

En la década de 1950, Montreal era un lugar de tranvías eléctricos, arquitectura moderna y muchos disturbios provocados por los partidos de hockey. Cuando un famoso jugador de los Montreal Canadiens fue suspendido por causa de una controvertida jugada, los fanáticos del equipo se amotinaron, causando daños por 100 mil dólares, más de una centena de arrestos y unos 35 heridos. Aún así, Montreal acogió a Clemente. Vivía con una familia blanca en una zona francesa de la ciudad. Su compañero de equipo Joe Black recuerda las circunstancias:

—En esa época, Montreal acogía bien a los negros. La familia blanca con la que Clemente vivía tenía dos hijas adolescentes. Eso dice mucho de la forma como nos trataban: como si fuéramos seres humanos.

Justino, el hermano, dice de Clemente:

—Cuando recién llegó a Montreal, no salía a la calle de noche por miedo al racismo.

CLEMENTE

Una fotografía del equipo de Clemente en Montreal muestra a tres jugadores de color.

—Teníamos muchos fanáticos en el equipo —recuerda Black—. No les gustaba que un hombre negro fuera la estrella. Te querían allí pero sin que traspasaras ciertos límites. Pero hasta los tipos del equipo se preguntaban por qué no dejaban jugar a Clemente. Tenía que pelear para jugar y, cuando jugaba en el segundo partido de un programa doble, hacía la diferencia. Pero nosotros perdíamos y ni por eso lo dejaban jugar.

Lo que sucedió en Montreal fue muy complicado y ha sido el tema de fervientes deba-

tes por parte de los historiadores del deporte. La conclusión es que Clemente fue escondido en el sistema de ligas menores de los Dodgers para evitar que otro club lo descubriera y se lo llevara. Las claves eran el salario y la bonificación de Clemente: 15 mil dólares. Por esa época los equipos de la MLB, incluyendo a los Dodgers de Branch Rickey, comenzaron a acumular talentos en sus sistemas de ligas menores como medida para evitar que otros equipos se los quedaran. Era una práctica brillante pero diabólica. Un año antes de que Clemente firmara su contrato, el béisbol promulgó una política para contrarrestar dicha práctica. Si un jugador era contratado por una suma mayor a cuatro mil dólares (incluyendo salario y bonificación), el equipo tenía que mantenerlo en su alineación durante dos años o arriesgarse a perderlo en los reclutamientos de fuera de temporada.

Los Dodgers intentaron esconder a Clemente en los Montreal Royals; le permitían jugar poco para que los otros equipos no se enteraran de su existencia.

—Papi realmente creía que eso fue lo que sucedió —comenta Roberto Jr.

Parecería imposible que un hombre de color, que no hablaba francés, pasara desapercibido en el Canadá de los años 50, pero ése fue el caso de Clemente. En las pocas oportunidades que tuvo, y antes de ser enviado de nuevo a la banca, sus habilidades saltaban a la vista inmediatamente. En su primera semana allá, bateó un jonrón a 400 pies, enviando la pelota sobre una pared que ningún bateador en Montreal había logrado superar. En el siguiente juego se quedó en la banca. A Clemente lo dejaban en la banca ante un bateador emergente incluso con las bases llenas. En otro juego saltó tan alto sobre una verja del jardín izquierdo para atrapar una bola, que su cinturón se quedó enganchado a la verja. Aunque el equipo de Montreal no le permitía jugar, Clemente se convirtió en el favorito de los fanáticos. Los canadienses eran fanáticos violentos —del hockey—, pero todavía reconocían

148

a una estrella cuando la veían. Miembros del público liberaron a Clemente de la verja y le aplaudieron.

Clemente bateó un triple en otro partido y el juego siguiente lo pasó en la banca.

—La idea era hacerme lucir mal —afirmó Clemente, tiempo después—. Si me hacían *out*, seguía jugando. Si jugaba bien, me mandaban a la banca. La mayor parte de la temporada me usaron de bateador emergente o en el segundo partido de los programas dobles.

El *manager* general de los Dodgers, Buzzie Bavasi, recuerda lo siguiente en una crónica poco conocida, escrita para la *Sports Illustrated* de junio de 1967: «Una vez tuvimos a Clemente en el equipo. Lo contratamos por una bonificación de 10 mil dólares y lo enviamos a Montreal para que fuera calentándose. Era un muchacho

de 19 años, recién salido de las ligas de invierno, y no teníamos espacio para él en la alineación del club. Le ordenamos a Montreal que lo mantuviera tan oculto como fuera posible. Allí él era elegible para el reclutamiento y nosotros no queríamos perder un muchacho tan prometedor. Por otra parte, no entendimos lo ma-

CLEMENTE

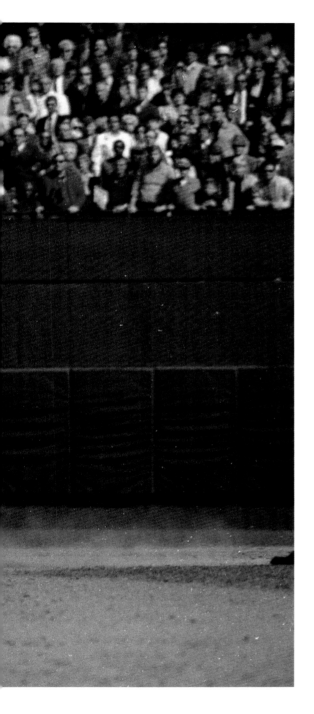

ravilloso que era; de lo contrario lo habríamos puesto en el club inmediatamente —sin importar a quién tuviéramos que descartar— y lo habríamos protegido a toda costa.

En Montreal, para evitar que se luciera demasiado, nuestro *manager* Max Macon lo incluía y excluía de la alineación constantemente. ¡Pobre Roberto! Si lo ponchaban, Max lo dejaba jugar todo el partido. Si bateaba un jonrón, Max lo sacaba inmediatamente. En un partido se quedó en la banca porque el día anterior había bateado tres triples. Le ponían un bateador emergente, con las bases llenas, en el primer *inning* de otro juego. Se podrán imaginar la confusión del pobre muchacho. El resultado fue mantener su promedio de bateo en .257 y pensamos que eso nos garantizaría que otro club no lo engancharía. Pero Clyde Sukeforth, que había abandonado nuestra organización y ahora era cazatalentos de los Piratas, le había puesto el ojo.

—Cuiden bien a Clemente. Queremos que esté en forma cuando lo contratemos —le dijo a Macon.

Clemente aprendió en Montreal una dura lección que lo acompañó el resto de su carrera. El béisbol ya no era simplemente un

deporte que amaba; ahora era también un negocio frío y desagradable.

—Nunca soñé con llegar a ese nivel —dijo Clemente en esa época—. Luego lo logré, y no me dejaron jugar.

CLEMENTE ERA MUY inteligente, apasionado y amigable, pero los primeros años de su carrera lo hicieron también cauteloso. Esto, a medida que progresaba en el laberinto del protocolo y la duplicidad del béisbol. Tras cansarse de escuchar lo que no podía hacer, cuando todo el que lo veía jugar sabía que era un talento fuera de serie, comenzó a convertirse en un hombre que se defendía con vigor. La historia de Clemente como una especie de extraño y silencioso hipocondriaco comenzó a aparecer en la prensa local y nacional. En la *Sports Illustrated* de octubre de 1960, en un artículo sobre los Piratas titulado *Seven Bold Bucs*, se decía esto de Clemente: «Uno de los más fascinantes peloteros, este esbelto y físicamente

sobresaliente atleta de Puerto Rico, sigue bateando como un loco cuando nadie logra poncharlo. Batea con saña cualquier pelota a su alcance, pierde la gorra, corre hasta tercera base haciendo caso omiso del riesgo y se desliza a base como una avalancha. Los beisbolistas de los otros equipos dicen que es un fanfarrón, que se intimida con las pelotas rápidas que zumban cerca de su cabeza, pero los *pitchers* le han estado lanzando durante todo el año y él ha bateado .314 e impulsado casi 100 carreras. Fuera del campo, Roberto es callado, amistoso e inteligente. Asistió brevemente a la universidad en Puerto Rico, donde además lanzaba jabalina. Algo hipocondriaco, Cle-

mente una vez amenazó con abandonar el béisbol por causa de un dolor de espalda. Este año, sin embargo, no ha sufrido enfermedades. Con solo 26 años, ha estado en las Grandes Ligas durante seis temporadas. Mantiene a sus padres y seis parientes».

Los periodistas de la época solían corregir la gramática de muchos de los atletas blancos pero, frecuentemente, se abstenían de hacerlo con Clemente y otros jugadores latinos. La *Sports Illustrated* de abril de 1961 dice: «'Aquí es donde duele. Tuve un pésimo invierno'. Quien habla es el jardinero derecho de los Piratas, Roberto Clemente, y estaba señalando su estómago, masajeándolo suavemente. 'Algo anda mal con mi dieta. Como la comida incorrecta, o demasiado o muy poco. No sé qué es. Los médicos tampoco saben', dijo. 'Me sentía muy mal en la Serie Mundial. Por eso no jugué tan bien'. Al recordarle que bateó .310 en la Serie, Clemente responde: 'Sí, pero no bateé con potencia'».

Los críticos lo calificaban de hipocondriaco, pero sus enfermedades —incluyendo las persistentes lesiones causadas por el accidente de tránsito— eran reales. El *New York Times* hizo una vez un listado de todas ellas. Los dolores de espalda eran lo peor, pero también tenía astillado el codo derecho, esguinces musculares, el empeine derecho severamente lesionado, un hematoma en el muslo, amigdalitis, malaria, problemas digestivos y, ante todo, insomnio.

—Si pudiera dormir —le dijo una vez a un compañero de equipo—, batearía .400.

Buscaba alivio en la medicina quiropráctica, que le enseñó a girar el cuello para devolver las vértebras a su lugar. En una ocasión, cuando le preguntaron cómo se sentía, Clemente respondió: «Pues, mi hombro dañado se siente bien, pero mi hombro sano se siente mal».

CAPÍTULO SEIS

SURGIMIENTO

ROBERTO CLEMENTE JR.: Mi madre siempre dice: «Tu padre era un hombre orgulloso. Se defendía a sí mismo». Algunas veces pienso que la gente puede haber malinterpretado eso. Él quería ser un buen ejemplo para los peloteros latinos. Quería que la gente supiera que ellos eran tan talentosos como cualquier otro. Me parece que papá sentía que debía probar su valor constantemente.

ROBERTO CLEMENTE, 1961, después de ganar el Bate de Plata por ser el mejor bateador de la Liga: Les doy las gracias en nombre de mi familia, en nombre de Puerto Rico, en nombre de todos los jugadores que no tuvieron la oportunidad de jugar por Puerto Rico en las grandes ligas. Pueden estar seguros de que todos los jugadores puertorriqueños que van a Estados Unidos hacen su mejor esfuerzo.

CLEMENTE FUE MUCHAS cosas para muchas personas. Ante todo, era un hombre bueno. No obstante, no era un hombre perfecto. Su orgullo era una especie de

escudo que le permitía soportar las diversas indignidades de la época. En la *Sports Illustrated* de enero de 1973, el ejemplar publicado aproximadamente un año antes de la muerte de Clemente, dice: «Cuando Roberto Clemente ingresó a las grandes ligas con los Piratas de Pittsburgh, en 1955, Henry Aaron ya era una estrella y Willie Mays había ganado un campeonato de bateo, había sido reconocido como el Jugador más Valioso, había ayudado a su equipo a ganar dos banderines y, en el otoño anterior, había protagonizado una de las atrapadas más espectaculares en la historia de la Serie Mundial. Clemente, como novato, tuvo una temporada modesta:

promedio de bateo de .255, solo cinco jonrones, solo 47 carreras impulsadas. A pesar de ello, sus extraordinarias habilidades ya eran evidentes y, un día en Nueva York, Clemente, con 21 años, fue invitado a una entrevista al final del partido. El presentador hizo un resumen de su juego y luego, con la intención de hacerle un buen cumplido al joven, dijo:

—Roberto, tuviste un buen día y una buena serie. Como joven y novato me recuerdas a otro jardinero principiante que podía correr, lanzar y lograr esos batazos sorpresa. Es uno de nuestros muchachos, se llama Willie Mays.

Tras un largo silencio, el novato de Pittsburgh respondió:

—No obstante, yo juego como Roberto Clemente.

Ese orgullo, esa insistencia en que lo respetaran por lo que era, fue el sello distintivo de Roberto Clemente.

335

CLEMENTE

Antes de enfrentar a los Orioles, Clemente declaró que «nadie hace nada mejor que yo en béisbol». No lo dijo con arrogancia sino como un desafío a los medios que se habían burlado de él y ridiculizado sus habilidades y las de otros peloteros puertorriqueños.

A medida que sus talentos fueron reconocidos, algunos en los medios de comunicación —al igual que la empresa Topps— intentaron deslatinizar a Roberto, refiriéndose a él como «Bob». Él se rehusó a aceptar el nombre. Siempre insistió en que lo llamaran Roberto.

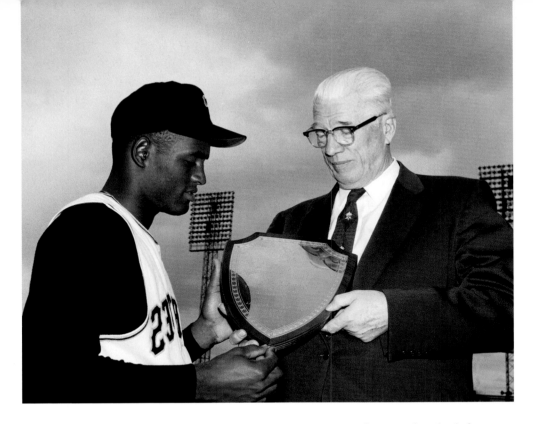

Ese mismo orgullo hizo que Roberto estuviera a veces demasiado a la defensiva.

UNA DE LAS mayores frustraciones de Roberto ocurrió en Montreal. Clemente estaba programado para batear de séptimo ante un lanzador llamado Jackie Collum. Cuando Collum tenía cuatro años, perdió el dedo corazón y el índice de su mano izquierda al meterlos en una máquina agrícola. Por ello, a Collum le costaba trabajo lanzar pelotas rápidas y prefería lanzar *sliders* y bolas más lentas.

En el primer *inning*, los bateadores de Montreal le sacaron mucha ventaja a Collum. Luego, bateando de séptimo, le llegó el turno a Clemente. Salió de la cueva pero, antes de llegar a la caja de bateo, el *manager* Max Macom lo detuvo y reemplazó con otro jugador. Ese momento fue uno de los que hicieron evidente que los Dodgers estaban sepultando a Clemente para evitar que prosperara. Clemente había visto suficiente. Estaba enfurecido.

Clemente regresó al hotel y comenzó a empacar sus cosas. Alguien golpeó a su puerta.

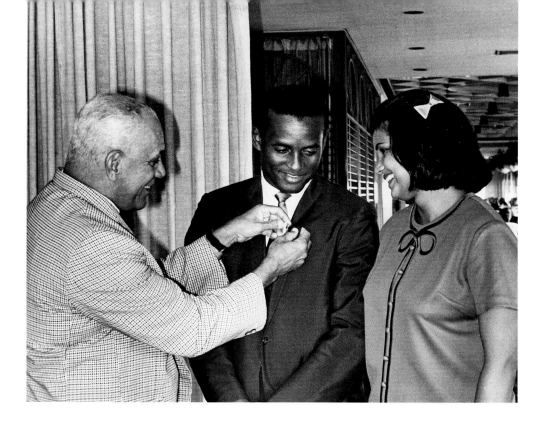

Era el cazatalentos de los Piratas, Howard Haak. Le habían ordenado observar a Clemente y, como casi todo aquel que lo veía jugar, estaba pasmado por sus habilidades. Haak sabía que Clemente podría cambiar la suerte de los Piratas casi instantáneamente y le recordó a Clemente que si se iba estaría obligado por su contrato a jugar para los Dodgers. Pero, si se quedaba, los Piratas lo contratarían. Clemente se calmó, dejó de empacar y escuchó atentamente. La razón tomó el mando y la pasión se enfrió.

—Termina el año —le dijo Haak— y la próxima temporada jugarás todos los días para los Piratas.

ROBERTO CLEMENTE JR.: Papi obviamente sentía un gran respeto por Willie Mays. Cuando algunos de sus compañeros de equipo hablaban de Mays, pensaban que papá lo respetaba profundamente aunque vivía compitiendo con él. Creo que papá consideraba que a Willie lo respetaban mientras que él tenía que luchar para ganarse el respeto.

Tanto Clemente como Mays ganaron doce Guantes de Oro, un récord para la posición de jardinero. Y, aunque Mays se hizo más famoso, no era el más talentoso. Clemente regresó al Santurce para prepararse para esa primera temporada con los Piratas; mientras su primer año con Santurce fue a veces frustrante, la segunda ronda fue muy diferente. Fue en esta segunda ronda que Clemente realmente comenzó a abrir los ojos, principalmente porque estaba jugando al lado de Mays. Mays era cuatro años mayor que Clemente. Roberto, el más joven, era atento, estudioso y respetuoso.

—No dejes que los lanzadores te avergüencen —le decía Mays a Clemente—. Sé duro cuando pases a batear. Si te lanzan a matar, actúa como si no te molestara. Levántate y batea. Demuéstrales quién eres.

Era el invierno de 1954 y Clemente aprovechó su tiempo cerca de Mays, no solo para perfeccionar sus habilidades beisbolísticas sino también su instinto de competencia. Clemente estaría listo para las grandes ligas, pero un hombre que ha pasado su vida en Puerto Rico no está listo para Pittsburgh. En esa época, Clemente le dijo a un escritor: «Ni siquiera sabía dónde queda Pittsburgh».

El clima y la cultura eran, obviamente, dramáticamente diferentes. Pittsburgh estaba en el amanecer de un renacimiento: estaba pasando de ser un hoyo de smog y ríos contaminados a una ciudad más limpia. Como muchas otras ciudades estadounidenses de la época, Pittsburgh era una ciudad altamente segregada, con los afroamericanos viviendo principalmente en la zona llamada Hill District.

—Yo no sabía hablar inglés —recordaba Clemente—. No hablar el idioma es un problema terrible. No hablar el idioma quiere decir que uno es diferente.

—Era un individuo excepcional. Por eso no quiero decir que fuera extraño —dice Bill Virdon, el único hombre que jugó, entrenó y fue *manager* de Clemente—. Era extranjero y no entendía nuestras costumbres. Nosotros no entendíamos las suyas. Los primeros dos o tres años que estuvo en Pittsburgh no veíamos con buenos ojos algunas de las cosas que hacía. Pensamos que le pasaba algo cuando no jugaba pero, a medida que nos conocimos mejor, aprendimos a apreciarlo. En todos los años que fui *manager*, jamás tuve un jugador más servicial y comprensivo.

JUSTINO CLEMENTE WALKER: Los Piratas reclutaron a Clemente por cuatro mil dólares. Es el mejor negocio que se ha hecho en la historia del béisbol. (Risas).

VERA CLEMENTE: Lo que más confundió a mi marido cuando vino a los Estados Unidos fue la imprecisión del lenguaje. En Puerto Rico decimos lo que

pensamos. Así nos criaron. Somos directos. Si preguntamos: «¿Cómo estás», queremos saber cómo estás. Queremos una respuesta. Roberto solía decir: «Si realmente no quieres saber cómo me siento, ¿para qué preguntas?».

—Lo RECUERDO LLEVÁNDONOS de paseo por Puerto Rico unas pocas semanas antes de morir —dijo el difunto lanzador de los Piratas y presentador Nellie King—. Estaba tan orgulloso del lugar. Y decía: «Les cuento algo sobre Puerto Rico. Aquí, cuando te quieren, se quitan el pan de la boca para dártelo. Pero si te dicen: 'Si vuelves por acá te mataré', significa que si vuelves a ese lugar te matarán».

Aunque parezca extraño, la sinceridad y franqueza de Clemente solía ser chocante para algunas personas. El hecho de que Clemente despreciara la pretenciosidad debería haber sido una cualidad entrañable pero inicialmente contribuía a la creencia

de que él era diferente. Mientras que muchos fanáticos de Pittsburgh y compañeros de equipo le mostraban gran respeto, otros se comportaban de forma muy desconsiderada. Una mujer le preguntó una vez a Clemente si, cuando vivía en Puerto Rico, se vestía con taparrabos.

A finales de los años 50, Clemente era uno de aproximadamente una docena de jugadores latinos de las grandes ligas. En 1955 había dos latinos con los Piratas. Algunos periodistas deportivos ni siquiera se tomaban la molestia de disimular su desdén. Uno escribió que Clemente era «el isleño color chocolate». Cuando Clemente decía que iba a *hit* (batear), ellos escribían «heet».

«No, yo no estar casado aún —citó un periódico a Clemente—. Ni siquiera tener novia. Todavía muy joven. Mucho tiempo. Primero juego grandes ligas».

Si Clemente bateaba un jonrón, algunos periodistas sencillamente lo ignoraban y hablaban con otros jugadores. Incapaces de digerir el hecho de que Clemente fuera un atleta extraordinario, lo llamaban fanfarrón. Un periodista se refirió a él específicamente como «un fanfarrón puertorriqueño». Si no jugaba por estar lesionado, decían que era perezoso.

Clemente representaba a un grupo de peloteros que llegaron al béisbol después de Jackie Robinson pero que, debido al color de su piel, tenían que enfrentar un terrible racismo. No eran solamente los jugadores negros sino también los latinos y varias mezclas. Tenían que lidiar con el dolor de los prejuicios mientras luchaban también con las barreras del lenguaje. Los ejecutivos y *managers* hacían poco o nada para prepararlos para el mundo al que llegaban. Clemente no solo fue valiente al enfrentar la

intolerancia que encaraba; también se enfrentó a sus compañeros de equipo blancos que odiaban a los Piratas negros. El primer jugador negro en la historia del equipo de Pittsburgh fue el segunda base Curt Roberts. Clemente le dijo en una entrevista a Milton Richman, el escritor internacional de United Press: «No me gustaron algunas de las cosas que los jugadores blancos le decían a Roberts, así que les dije algunas cosas que no les gustaron».

Ese fue el mundo del béisbol al que llegó Clemente.

VERA CLEMENTE: Mi esposo nunca temió hablar sobre los derechos civiles. Observaba las batallas por los derechos civiles en el Sur y se sentía muy cercano a esa lucha. Se reunió varias veces con Martin Luther King. Roberto quería hacer su contribución desde el béisbol, así que no se callaba. Decía mucho que ser un negro latino en el mundo del béisbol significaba que ya tenías dos *strikes* en

contra. Quería que los peloteros latinos ganaran
lo justo. Quería que llegaran a ser *managers*. Roberto era muy franco. Lo que más quería era que
los jugadores latinos fueran respetados.

Lentamente, Estados Unidos comenzó a digerir a
Clemente como jugador y como ser humano. Al país
le gustaba lo que veía. Al menos, a la mayoría le gustaba.
El 29 de septiembre de 1972, al comienzo de una serie
entre los Pirates y los New York Mets, un hombre
envió una nota mecanografiada al estadio Three Rivers.
La carta decía sencillamente:

AL SEÑOR ROBERTO CLEMENTE

EL 29 DE SEPTIEMBRE, VIERNES, EN EL ESTADIO THREE

CLEMENTE

RIVERS DE LOS PIRATAS DE PITTSBURG, EN LA PRIMERA PARTE DEL SEGUNDO *INNING*, LE PEGARÁN UN BALAZO EN SU POSICIÓN DE JARDINERO DERECHO. LO ESTARÉ ESPERANDO. DIGAMOS QUE ES UN REGALO DE UN FANÁTICO DE LOS METS. NOS VEMOS EN EL INFIERNO.

P.D. ¿ALGUNA VEZ LE HAN DISPARADO ANTES CON UNA ESCOPETA?

La carta fue enviada a los Piratas en el correo regular de los fanáticos pero no fue descubierta por los Piratas hasta el 1 de noviembre. El equipo informó al FBI. Según los archivos del FBI, la agencia se tomó en serio la amenaza y le hicieron a la nota pruebas de laboratorio en busca de evidencia forense. No encontraron nada. En ese momento Clemente estaba en San Juan y el FBI se comunicó con él para alertarlo sobre la amenaza. El autor nunca fue identificado y el FBI cerró la investigación.

En sus primeros tiempos con los Piratas, Clemente escuchaba los insultos raciales e intentaba ignorarlos. Algunos de sus compañeros de equipo de esos primeros tiempos les gritaban esos insultos a los jugadores negros del equipo contrario. Clemente escuchaba los insultos, se indignaba y se iba al otro extremo de la cueva.

—Algunas veces actuaba como si no los oyera —dijo una vez—. Pero los oía. Los oía.

Otras veces, Clemente se enfrentaba directamente con sus compañeros de equipo. Tras el asesinato de Martin Luther King, los peloteros votaron para decidir si jugaban esa noche.

—Si lo pregunta —dijo Clemente sobre esa reunión—, significa que no tenemos un gran país.

Clemente presionó a la administración de los Piratas para contratar a más jugadores de color y ellos lo escucharon. Cuando Clemente se unió a los Piratas en 1955, el equipo era una colección de hombres blancos. Para principios de la década de 1970, aproximadamente la mitad de la alineación de los Piratas era negra, latina o hispanohablante.

Su primer batazo en las grandes ligas fue en 1955 contra el equipo de Brooklyn que lo había espantado. Clemente bateó un sencillo tras el lanzamiento de Johnny Podres y, con eso, su carrera comenzó. Ese momento señaló algo más: Clemente era fuerte físicamente pero ningún bateador podía dar la talla enteramente en Forbes Field. El parque era una monstruosidad: 457 pies del *home* al extremo del jardín. Clemente sabía que era incapaz de dominar a Forbes con sus músculos, así que usó el cerebro y la sutileza. Se convirtió en un bateador de sencillos.

Corrían tiempos interesantes para el país y para Clemente. Fuera de la sede del club, él seguía las noticias de lo que sucedía en el Sur. Siguió de cerca el proceso de desobediencia civil de Rosa Parks y el asesinato en Mississippi de Emmett Till, un niño de 14 años, por coquetear con una mujer blanca. Clemente no luchaba por su vida o la libertad de toda una raza, pero de todas maneras luchaba.

Clemente era una curiosidad en el club, no solamente por su raza y forma de hablar, sino también por la forma como asumía su vocación. Los problemas de espalda

lo dejaban fuera de la alineación ocasionalmente y sus compañeros de equipo se burlaban de sus lesiones y cuestionaban su resistencia y dedicación. El *pitcher* de los Piratas, Nellie King, le dijo al escritor Phil Musick en 1973: «En ese entonces nadie parecía entender la sensibilidad que tenía con respecto a su cuerpo. Lo veía de la misma forma en que un mecánico ve un auto de carreras. Si no estaba bien, él quería sincronizarlo. Algunos se burlaban de él porque no jugaba todos los días, pero la mayoría jugaba todos los días solo para que la gente dijera: 'Guau, ese tipo es duro'. Lo hacían porque temían las críticas que recibirían en caso de no hacerlo. Clemente, en cambio, solamente hacía lo que consideraba correcto. Sé que Roberto se sentía profundamente herido por las críticas que recibió en los primeros años en Pittsburgh. Era introvertido por el problema de lenguaje. Solamente había salido de Puerto Rico en una ocasión. Para él, todo en Pittsburgh era confuso».

Unas dos décadas después, King difundió tal vez la mejor cita respecto a las habilidades creativas de Clemente y su visión del cuerpo. King le dijo a Sporting News en 1992: «Siempre lo vi como un artista, y los artistas tienen una sensibilidad que los demás desconocemos. Pensamos que están locos. Su sensibilidad se concentraba en su cuerpo. 'Quienes pagan para verme jugar, pagan para verme en plena forma', decía. Una vez nos dijo: 'En el verano, juego béisbol. En el invierno, trabajo en el béisbol. En el verano, cuando me lesiono jugando, apunto qué me lesioné, la fecha en que sucedió y qué tanto dolió. En el invierno reviso esa tabla, descubro las debilidades de mi cuerpo y entreno para fortalecer esas partes débiles'».

CAPÍTULO SIETE

PRESENTIMIENTOS

ROBERTO CLEMENTE JR.: Tenía siete años, estaba en mi cama intentando dormir. Me desperté de un sueño, pero era algo más. Fue una visión. Mi padre iba a morir. Salté de la cama y corrí a donde papi.

Él tomaría un avión a la mañana siguiente.

—El avión se va a estrellar —le dije. Mi padre no solía dormir hasta tarde y a veces sufría de insomnio. En algunos de sus propios sueños, se veía a sí mismo en un avión cayendo en picada. Le decía a mamá: «Voy a morir joven».

Mis palabras lo sacudieron.

—No te subas a ese avión —le pedí.

—¿Por qué? —respondió.

—El avión se va a estrellar.

—Va a estar bien —me dijo—. Vete a dormir.

CLEMENTE

VERA CLEMENTE: Después de que murió, lo esperé. Tenía la esperanza de que volviera a casa. Eso duró años. Dejé su ropa en el armario. Las gavetas seguían guardando sus cosas. Fue así durante mucho tiempo. Pero una mañana vi a Ricky sentado frente a la televisión. Tenía cinco años. Era demasiado joven para conocer a su padre. Estaba viendo una película vieja sobre Roberto. En la película, Roberto jugaba béisbol con unos niños. A su lado, en el suelo, Ricky tenía algunas ropas de Roberto que había sacado de una gaveta. Me rompió el corazón. Después de eso, saqué del armario y las gavetas todas las cosas de Roberto.

Un día, menos de un mes después del accidente, no lograba encontrar a Roberto Jr. Lo busqué por todas partes. Lo encontré en la parte trasera de la casa. Había reunido todos los recortes de periódico sobre su padre y los estaba mirando.

Roberto Jr. siempre quiso ser como su padre. Recuerdo que, no mucho después del accidente, era hora de acostarse y estábamos conversando:

—Mami, dile a los Piratas que no pongan a nadie en el jardín derecho —me dijo—. Quiero ser el jardinero derecho de los Piratas.

Le dije que tal vez algún día llegaría a serlo.

—No, mami —me respondió—. Quiero jugar ya mismo.

CLEMENTE Y ROBERTO JR. no fueron los únicos que tuvieron malos presentimientos sobre ese vuelo. Poco antes, José Pagán, compañero de equipo de los Piratas, cuestionó la seguridad del avión:

—Sabes todo sobre béisbol —dijo—, pero no sabes nada de aviones.

Clemente confiaba en el piloto.

—Los encargados saben lo que hacen —le respondió a Pagán—. No nos dejarán despegar si no es seguro. Si se supone que debes morir, mueres.

Solo se recuperó el cadáver de una de las cinco personas a bordo del avión. No fue el de Clemente. La Administración Federal de Aviación le devolvió a Vera la maleta de su esposo. En el interior había mil dólares en efectivo y una lista de nombres, probablemente de ciudadanos nicaragüenses. Clemente, además de promover el apoyo en Puerto Rico que llevó a la donación de toneladas de suministros en seis días, dijo a varios nicaragüenses que los ayudaría a descubrir si sus parientes y amigos habían sobrevivido

a la tragedia. Ésa era la lista de nombres. Los equipos de rescate encontraron también una media café. Vera sabía que pertenecía a su marido.

LOS PRESENTIMIENTOS SIEMPRE le han dado al legado de Clemente un carácter casi espiritual, si no religioso. Jon Matlack, un antiguo lanzador de los New York Mets, conoció a Clemente cuando (Matlack) era adolescente y jugaba béisbol invernal en San Juan. Clemente invitó a Matlack y a otros jugadores jóvenes a su casa. En ese momento, Clemente ya había participado varias veces en los Juegos de las Estrellas.

Matlack estaba fascinado, y no solo por estar frente a Clemente, sino porque Clemente lo había acogido en su casa. Los jugadores jóvenes no estaban acostumbrados a que las estrellas fueran tan hospitalarias. Clemente bromeó y se divirtió con el grupo como si los conociera desde hacía años. Luego Matlack notó algo. Le llamó la atención el bate que sostenía Clemente. Era gigantesco y él lo balanceaba entre sus grandes manos como si fuera un cigarro. A Matlack le pareció que lucía como un garrote. Estaba tan obsesionado con el bate que, cuando Clemente abandonó la habitación y lo dejó en el piso, lo recogió. Quedó sorprendido por su peso.

Tambien pensó: «Cualquier hombre que pueda balancear un bate como éste, hará historia».

Matlack lo vio por sí mismo años después, cuando su curva fue enviada al jardín central en el bateo número tres mil de Clemente.

ROBERTO CLEMENTE JR.: Todo lo que caracterizaba a mi padre —su decisión de dedicar su vida a ayudar a los otros— está condensado en la forma como murió.

VERA CLEMENTE: Por ayudar a alguien, podía recorrer la calle o darle la vuelta al mundo. Cuando viajábamos, abandonaba el hotel para conocer al pueblo verdadero. Caminaba por las calles y conocía a personas comunes. Nunca olvidó la forma como creció en Puerto Rico. Cuando jugaba para los Piratas, donde quiera que fueran, él visitaba a los niños en los hospitales.

Fuimos a Nicaragua (Clemente estaba dirigiendo el equipo de béisbol aficionado de Puerto Rico que viajó a Nicaragua para la Serie Mundial Amateur) y, mientras estuvimos allá, Roberto y otros jugadores de los Piratas visitaron

el hospital El Retiro. Conoció a muchas personas. Entre ellos, un niño —Julio Parrales, de 12 años— que no podía caminar por cuenta de un accidente (había quedado condenado a una silla de ruedas cuando, jugando en una carrilera, perdió una de sus piernas y la otra le quedó malherida). A Roberto le cayó muy bien y le dijo: «Te voy a ayudar». Roberto le donó la prótesis a Parrales para que volviera a caminar.

Se sentía próximo a Nicaragua porque allí conoció a muchos pobres y necesitados.

LUIS CLEMENTE: Después del terremoto, muchos países organizaron campañas de ayuda humanitaria. En Puerto Rico, lo hicieron entre mis padres, algunos líderes cívicos y artistas. Pero sobre todo mis padres. Fue la única vez en la que papi realmente se aprovechó del apellido Clemente.

(El niño que lo había impresionado tanto, murió en el terremoto. Clemente nunca se enteró).

202   CLEMENTE

VERA CLEMENTE: Una tarde, Roberto apareció en el Canal Cuatro de Puerto Rico y pidió donaciones. Llegaron muchas cosas: comida, ropa, medicinas. Fue increíble. Teníamos personas en Nicaragua que nos informaban qué necesitaban. Nos comunicábamos por radio aficionado. (Se establecieron dos lugares de recolección para la ayuda: el estadio Hiram Bithorn y la Plaza de las Américas).

Comenzaron a salir vuelos con la ayuda. El primer vuelo llevaba cinco máquinas de rayos X. También hubo un carguero: no muchos lo recuerdan, pero llevó 210 toneladas de ropa y 36 de alimentos. Puerto Rico recaudó más de 150 mil dólares en dinero y suministros.

LUIS CLEMENTE: El rumor que ha perdurado hasta ahora es que él iba a Nicaragua porque tenía una novia allá. No es cierto.

VERA CLEMENTE: (Riendo). No había ninguna novia. Yo estuve con él todo el tiempo. Él era un hombre serio, formal y dedicado a su familia. (Ríe). El rumor surgió porque teníamos intención de traer con nosotros una niñera que me ayudara con los niños.

Los tres primeros vuelos fueron en un avión de carga normal.

El cuarto vuelo fue en un avión grande de carga DC-7 en el cual ocurrió el accidente. El día anterior enviamos un barco de carga con mucha ayuda.

Dos semanas antes del accidente, apareció en el periódico local una fotografía del avión y la noticia de que tenía problemas técnicos. No supe de esa foto hasta después del accidente.

LUIS CLEMENTE: Hubo tantas cosas extrañas en ese vuelo y ese día...

JUSTINO CLEMENTE WALKER: Roberto vio el avión poco antes de abordarlo y notó las llantas. Dijo: «Las llantas parecen estar algo bajitas».

VERA CLEMENTE: Antes del viaje yo estaba haciendo el almuerzo para nosotros dos. Roberto intentaba dormir antes de su vuelo a Nicaragua. Yo estaba en la cocina y tenía una melodía metida en la cabeza (*Tragedia de Viernes Santo*, una canción muy popular sobre un DC-4 que cayó al océano después de despegar de San Juan con destino a Nueva York el Viernes Santo de 1952).

LUIS CLEMENTE: Creo que papá tenía un conflicto interno. Sentía que algo podía estar mal con el avión y no quería abordarlo, pero también pensaba: «Tengo que ir. Tengo que asegurarme de que todo está bien en Nicaragua».

VERA CLEMENTE: También iba a traer de regreso a cinco amigos que estaban en Nicaragua de voluntarios ayudando en el hospital de Masaya. Cuando
el avión despegó, el mar estaba picado y comenzó a llover.

Me llamaron para informarme del accidente. No lo acepté. Me negué a aceptarlo.

JUSTINO CLEMENTE WALKER: Los buzos sacaron un cuerpo del agua. Lo subieron a un helicóptero. En la playa había una multitud, cientos de personas. El helicóptero voló lentamente hacia donde iba a aterrizar. La multitud pensó que era el cuerpo de Roberto y todos corrieron hacia el helicóptero. Pero era el cuerpo del piloto.

WILLIE STARGELL, compañero de equipo de los Piratas, en misa dedicada a Clemente: Es muy difícil ponerle palabras a todos los sentimientos que

CLEMENTE

me despierta Roberto. Desde que he estado con él, he tenido la oportunidad de conocer a un hombre realmente dinámico, que caminaba con la
cabeza en alto en todos los sentidos. Tenía dignidad y era dedicado. Era
un hombre en todo el sentido de la palabra. Y creo que la forma en que
murió realmente refleja la forma en que vivió: ayudando a otros sin buscar fama o reconocimiento, asegurándose de tender una mano y hacer lo
necesario. Era un grande, todos sabemos el gran pelotero que fue. Para

quienes no lo conocieron como persona, realmente se perdieron de algo muy especial. Tuve la oportunidad de jugar con él, de sentarme a conversar con él como amigos. He perdido a un gran amigo, pero él siempre estará en mi corazón.

RICHARD NIXON, en su declaración desde la Casa Blanca: El mejor homenaje que podemos hacer a su memoria es contribuir generosamente a ayudar a aquellos que él intentaba ayudar: las víctimas del terremoto en Nicaragua.

ELLIOT CASTRO, escritor puertorriqueño: La noche en la que Roberto Clemente nos dejó físicamente, comenzó su inmortalidad.

LUIS CLEMENTE: Mi padre tenía una obsesión con el número tres. Había tenido visiones de su hermana muerta, apareciéndosele con tres monedas en la mano. Tres mil batazos. El número de su uniforme: 21...

VERA CLEMENTE: Unos pocos días después del accidente, Roberto Jr. levantaba el teléfono y simulaba hablar con su papi.

ROBERTO CLEMENTE JR.: La noche del presentimiento. La noche anterior al vuelo. La noche que desperté a mi padre y le dije que no se subiera a ese avión y él me respondió: «Roberto, todo estará bien». Tantas décadas después, lo sigo recordando. Siento remordimientos.

En los días que siguieron a su muerte, cuando millones de personas desde Puerto Rico hasta Pittsburgh y Nicaragua entendieron que él realmente no regresaría, unos fotógrafos me tomaron una foto besando un afiche con la foto de papi. Esa imagen fue tan conmovedora para los puertorriqueños como la de John F. Kennedy Jr. saludando el ataúd de su asesinado padre.

Ahora, mientras recuerdo esas cosas, es el cuadragésimo aniversario de la muerte de mi padre. Para mí, la semana anterior fue peor. Me había preparado para el día del aniversario. Me armé de valor. Sabía lo que venía. Mis emociones se desatan durante la semana anterior. El resto del año estoy bien. Veo estudiantes y hablamos sobre mi padre. Hablo con niños pequeños sobre mi padre y estoy bien. La gente me pregunta por él, me habla de él, y todo va bien. Es la única época del año en la que las cosas se ponen difíciles y siento remordimientos. Siento que podría haberlo detenido. Fui y le conté mi sueño. Intenté detenerlo pero era demasiado joven. No tenía las palabras para explicarme bien. Si le hubiera explicado mejor mi visión, él no se habría subido a ese avión. Si hubiera podido ser más claro, podría haber salvado la vida de mi padre.

| CAPÍTULO OCHO |

ETERNO

Inmediatamente antes de la temporada de 1971, Clemente demostró una vez más su habilidad para conmover profundamente a las personas. De pie ante los medios de comunicación nacionales en el banquete anual de la Asociación Estadounidense de Escritores de Béisbol, le entregaron el Premio Tris Speaker por una vida de logros en el béisbol. Tras su discurso de aceptación, Clemente recibió la ovación de más de 800 escritores de béisbol obstinados y cínicos. Lo que hizo que algunos ojos se llenaran de lágrimas fue el siguiente pensamiento expresado por Clemente: «Si tienes la oportunidad de ayudar a alguien y no lo haces, estás perdiendo tu tiempo aquí en la Tierra».

Clemente agregó que las personas debían «vivir juntas y trabajar juntas, sin importar su raza o nacionalidad».

VERA CLEMENTE: Se sentía muy bien con el equipo de los Piratas en 1971. No se sentía solo.

ROBERTO CLEMENTE JR.: Ese equipo representaba a América. Realmente lo hacía.

(Los Piratas, en 1971, alinearon el primer equipo de solo negros y latinos en la historia de las Grandes Ligas. Esa alineación sólo duró un *inning* porque uno de los jugadores, el *pitcher* Dock Ellis, fue sacado del juego tras regalar prácticamente al equipo contrario cuatro carreras en el segundo *inning*).

STEVE BLAS, hablando sobre la diversidad en el liderazgo: En Clemente tenías un jugador latino; en Willie Stargell, uno negro; y en Bill Mazeroski, uno blanco. Todo el abanico estaba cubierto. Eran líderes, los tres.

TONY BARTIROME: Había sido víctima del racismo pero nunca se amargó. Si usted viera las condiciones en que tenían que vivir los jugadores negros durante los entrenamientos de primavera a finales de los años 50, quedaría horrorizado. Tenían que vivir en esos lugares porque el racismo les prohibía vivir en los mejores lugares con los peloteros blancos. Él luchó para lograr la igualdad en el béisbol.

LUIS CLEMENTE: Papi se sentía orgulloso de haber sido capaz de diversificar ese equipo. Se le notaba el orgullo cuando habló en esa noche dedicada a él.

ROBERTO CLEMENTE, en la Noche de Roberto Clemente, en el Estadio Three Rivers: Quiero dedicarle este honor a todas las madres puertorriqueñas. No tengo palabras para expresar mi agradecimiento. Sólo le pido a quienes están viendo este programa con sus padres, que les pidan su bendición y cuenten los unos con los otros. Como esos amigos que ven este programa, o lo escuchan en la radio, y se dan la mano en señal de la amistad que nos une a todos los puertorriqueños. He sacrificado estos 16 años, tal vez he perdido

muchos amigos por hacer el máximo esfuerzo en un deporte y por el trabajo que implica, para nosotros los puertorriqueños y especialmente los latinos, triunfar en las Grandes Ligas. He logrado este triunfo para nosotros, los latinos. Creo que es un motivo de orgullo para todos nosotros —los puertorriqueños y los caribeños— porque somos hermanos.

Clemente era, bueno, Clemente, en la Serie Mundial contra Baltimore. Los dos primeros juegos reflejan su forma de jugar en los grandes momentos. En los primeros dos juegos, bateó cuatro imparables en nueve ocasiones y también hizo la jugada de la Serie Mundial. Era el tipo de juego que hacía en Puerto Rico cuando niño; en Montreal, cuando era una estrella en formación y frustrada; y algunas veces como Pirate.

En el segundo juego, Merv Rettenmund, uno de los jugadores más rápidos de

Baltimore, estaba en segunda base. Batearon una pelota en dirección a Clemente, directo por la línea del jardín derecho, y parecía evidente que Rettenmund llegaría a tercera base. Clemente persiguió la pelota a galope tendido y la atrapó; el impulso lo llevó hacia adelante. Sorprendentemente, Clemente frenó, giró e hizo un lanzamiento de trescientos pies a tercera. Así logró que lo que parecía un proceso rutinario para Rettenmund se convirtiera en una lucha por la supervivencia. Rettenmund a duras penas logró alcanzar la base.

El *catcher* de los Orioles, Andy Etchebarren, cuya carrera duró de 1962 a 1978, le dijo al escritor deportivo Dick Young que ese lanzamiento era el mejor que había visto en su vida de parte de un jardinero.

VERA CLEMENTE: La noche antes del primer juego de la Serie Mundial estábamos en Maryland. Roberto y yo fuimos a cenar a una marisquería. Roberto pidió

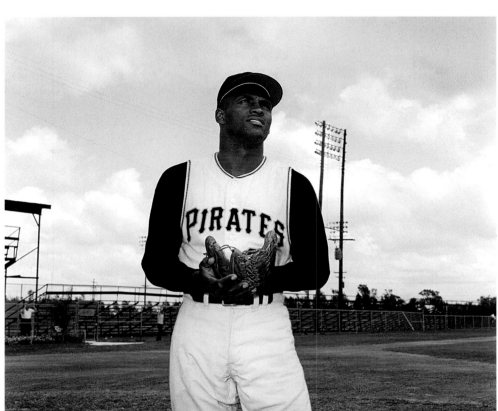

almejas y se puso muy enfermo. Estaba intoxicado. Vomitaba. El médico del equipo estaba preocupado y yo también. Tuvieron que ponerle suero intravenoso en la habitación del hotel Lord Baltimore. No dormimos esa noche. Yo dudé de que pudiera jugar, pero lo hizo. Jugó, y jugó bien a pesar de todo. Casi nadie sabía lo enfermo que estaba. (Clemente bateó dos imparables en el juego: un doblete en el primer *inning* y un sencillo al centro en el segundo). Era muy resuelto.

MANNY SANGUILLÉN: Jugó como un campeón en esa Serie Mundial. El mundo pudo ver lo bueno que era. Lo curioso es que él siempre pensó que era mucho mejor de lo que mostró en esa serie. Decía: «Cuando era más joven, jugaba mucho mejor». Siempre estaba desafiándose a sí mismo y a sus compañeros de equipo.

STEVE BLASS: Después de la Serie Mundial, contra Pittsburgh, estábamos en el avión del equipo. (Blass lanzó dos victorias completas en la Serie. Permitió solamente siete batazos y dos carreras en ocho *innings*. Su desempeño fue tan sobresaliente que terminó de segundo en la votación del Jugador más Valioso, detrás de Clemente). Yo estaba sentado en una ventana. Roberto se acercó y me hizo una seña. Me levanté y me acerqué a él. Me dijo: «Déjame darte un abrazo». Estaba muy con-

tento por mí. Así era él. Nunca quise decepcionarlo.

ROBERTO CLEMENTE JR.: El mundo vio lo que papi hizo (Clemente bateó bien en cada uno de los siete juegos de la Serie Mundial y, de hecho, bateó bien en las dos series mundiales que jugó) como una especie de presentación ante buena parte de la población del país. Pero eso era la culminación de haber sido un gran jugador toda su vida.

JUSTINO CLEMENTE WALKER: En Puerto Rico, todo el mundo siguió el batazo 3.000 y la Serie Mundial. Cualquier cosa que hacía Roberto atraía la atención de todo Puerto Rico. Todos se sentían orgullosos de él.

VERA CLEMENTE: Después de la Serie Mundial, Roberto comenzó a hablar mucho de la Ciudad Deportiva. Quería usar el béisbol para hablar de los problemas que enfrentaban los niños.

ROBERTO CLEMENTE, 1971: La Serie Mundial es lo más maravilloso que me ha sucedido en el béisbol. Ha hecho más por mí mentalmente que cualquier otra cosa. Me dio la oportunidad de hablar más frecuentemente con los escritores. No quiero nada para mí, pero puedo ayudar a muchas personas. Gastan millones de dólares controlando el consumo de drogas en Puerto Rico. Pero atacan el problema cuando ya está ahí. ¿Por qué no lo enfrentan antes de que se presente? Hay que acoger a los niños antes de que se conviertan en adictos, y sería bueno que se interesaran en el deporte y tuvieran un lugar dónde aprender a jugar. Quiero tener tres campos de béisbol, una piscina, parques de baloncesto y tenis, un lago en el que padres e hijos puedan remar... Y uno de los mayores problemas que tenemos hoy día es que el padre no tiene tiempo para sus niños y pierde el control sobre ellos.

NER. DANCE IN HONOR OF
ROBERTO CLEMENTE
SEPTEMBER 25, 1971
N.Y.C.

CLEMENTE

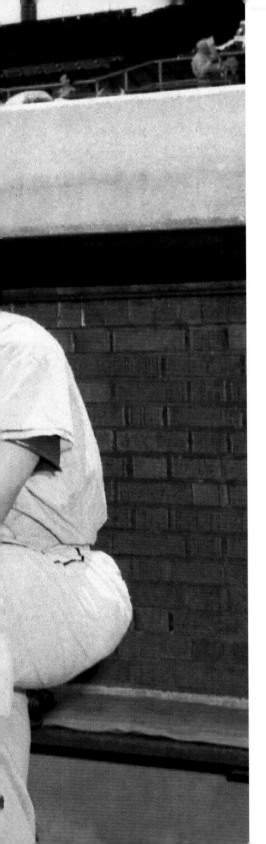

No es suficiente ir al campo de verano, tener uno o dos profesores por un ratico y
regresar a casa y olvidar todo. Uno va a
una ciudad deportiva y encuentra gente
como Mays, Mantle y Williams... Los niños nunca olvidarían eso. Creo que Estados Unidos debería tener cosas así en
todas partes. Si yo fuera presidente de los

CLEMENTE

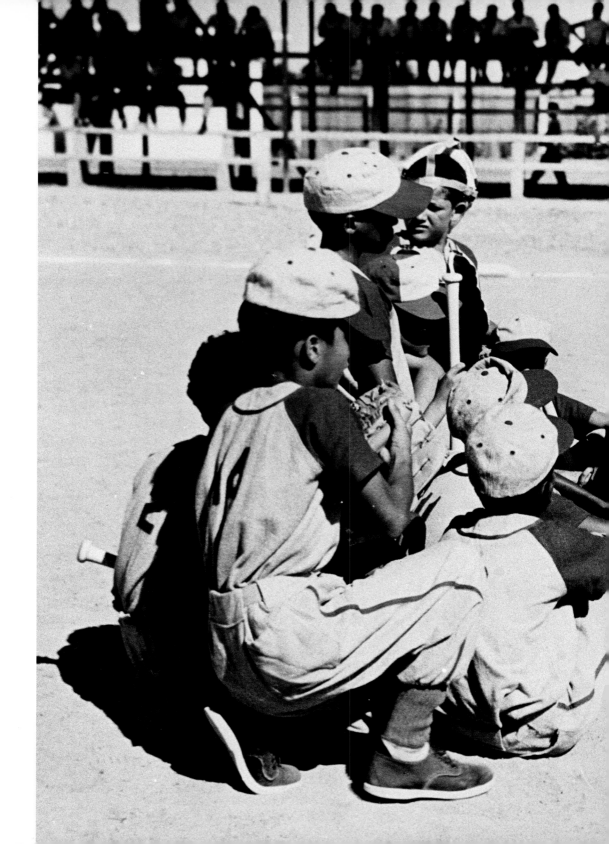

Estados Unidos, construiría ciudades deportivas y aceptaría en ellas a niños de todas las procedencias. Lo que queremos hacer es un intercambio en todas las ciudades de los Estados Unidos para mostrarles a los niños cómo vivir y jugar con otros niños. He estado visitando diferentes pueblos, diferentes vecindarios. Reúno a los niños y les hablo sobre la importancia del deporte, la

importancia de ser un buen ciudadano, la importancia de respetar a sus padres. Me gusta reunirme con padres e hijos y hablar con ellos. Luego vamos al
parque y les muestro algunas de las técnicas del béisbol.

MANNY SANGUILLÉN: Puerto Rico no solo estaba orgulloso de Roberto por
lo que hacía en el diamante. Los puertorriqueños estaban orgullosos porque él

siempre estaba pendiente de los desvalidos, y nosotros éramos los desvalidos. Él representaba a la gente que no tiene voz. Usaba el béisbol para darles una voz.

La importancia de Clemente en el béisbol creció a pesar de las escabrosas políticas raciales, el ocasional psicópata escritor de amenazas y una barrera del lenguaje que dificultó los primeros tiempos de su carrera. Su bate y su nobleza eran como antídotos. A pesar de su fama, Clemente nunca olvidó sus tres creencias básicas —creencias adoptadas posteriormente por sus hijos y enseñadas por ellos a sus propios hijos—.

Primero, Clemente siempre rindió homenaje a los jugadores anteriores a él. Aunque muchos otros jugadores latinos y afroamericanos lo hacían, en el caso de Clemente era algo intencional. A sus pequeños hijos les decía:

—Recuerden quién les abrió el camino.

Luis Olmo y Hiram Bithorn eran dos entre un puñado de nombres. Bithorn fue el primer puertorriqueño que jugó en las Grandes Ligas. Como lanzador de los Chicago Cubs, obtuvo su primera victoria el 5 de junio de 1942 contra los Brooklyn Dodgers. Casi una década después fue asesinado en circunstancias misteriosas por un policía mexicano que detuvo su auto y le pidió la documentación cuando Bithorn viajaba de vacaciones a ver a su madre. En 1943, Olmo, jugando para los Dodgers, se convirtió en el segundo puertorriqueño en formar parte del béisbol profesional. Para Clemente, esos hombres eran héroes que merecían ser estimados por siempre, y eso fue lo que él hizo. Es una noción compartida por muchos atletas de color, desde Jackie Robinson a Ali, Bill Russell, Aaron y Jim Brown.

Clemente sostenía otras dos creencias fundamentales. Siempre le decía a Vera:

—Cuando estás bien de salud y feliz, todos los días de la vida son iguales.

Para Clemente, cada día era algo precioso y, desde luego, esa noción adquirió un significado especial para la familia mucho después de que él la expresara. La segunda creencia de Clemente —«Si tienes la oportunidad de ayudar a alguien y no lo haces, estás perdiendo tu tiempo aquí en la Tierra» (básicamente, lo que le dijo a los escritores de béisbol antes de la temporada de 1971)— terminó por encarnar la mitocondria de Clemente. Clemente lo aplicaba por medio de actos de caridad. Su viuda e hijos han pasado sus vidas haciéndolo.

21

Eran las 12:05 p.m. del 14 de mayo de 1973, y un hombre admirable que había vivido una vida admirable logró afectar de tal manera a una nación que su legado fue honrado en uno de los lugares más prestigiosos del planeta: frente al Presidente de los Estados Unidos, en el Despacho Oval de la Casa Blanca. De hecho, en lo que es tal vez una de las mayores confirmaciones del legado de caridad y beisbolístico de Roberto Clemente, dos presidentes de Estados Unidos lo honraron.

Habían pasado tan solo cinco meses desde el accidente. Vera estaba en la Casa Blanca, representando noblemente a su esposo —el comienzo de una vida dedicada a eso—. Pero en el salón también estaba el presidente Richard Nixon, un entusiasta fanático deportivo al que pocas cosas emocionaban; la historia de Clemente, sin embargo, lo conmovió. El lugar de Nixon en la historia es bien conocido. Lo que no se conoce es su pasión por los deportes y el hecho de que llegó a adorar a la familia Clemente tras la muerte de Roberto.

Nixon siempre andaba pendiente del mundo de los deportes. Le escribió cartas de felicitación a Don Shula, el entrenador del Salón de la Fama, o lo llamaba antes de

los partidos importantes. Aplazaba las reuniones con su equipo de trabajo si había un partido de la Liga Nacional de Fútbol Americano (NFL, por sus siglas en inglés) y asistía con frecuencia a los eventos deportivos de importancia. Aunque le gustaba más el fútbol que el béisbol, la historia de Clemente lo había atrapado. Cuando se instauró la Medalla Presidencial al Ciudadano, para Nixon y muchos otros, Clemente era el candidato obvio. La medalla era entonces, y sigue siendo hoy día, la segunda en importancia concedida a un civil en los Estados Unidos. La Medalla Presidencial de la Libertad es la primera.

Vera estaba de pie en la parte frontal del Despacho Oval, cerca de Nixon, cuando éste comenzó a pronunciar unas sencillas palabras: «Damas y caballeros: Estamos aquí reunidos para presentar la primera Medalla Presidencial Póstuma al Ciudadano, y me siento honrado de que esta primera medalla —que sabemos se seguirá entregando en el futuro a los estadounidenses que se distingan por sus servicios— sea para Roberto Clemente. Quisiera leer la citación porque es mejor que cualquier discurso mío con relación a Roberto Clemente: 'Citación Medalla al Ciudadano, Roberto Clemente: Todos los que vieron a Roberto Clemente en acción, ya fuera en el diamante o al frente de misiones caritativas, se enriquecieron con la experiencia. Él brilla con ese puñado de hombres cuya excelencia ha transformado el béisbol en una exhibición de destreza y espíritu, produciendo placer e inspiración al mundo entero. Más que eso: a través de su abnegada dedicación a ayudar a aquellos que, en la vida, tenían dos *strikes* en contra, bendijo a miles y fue ejemplo para millones. Mientras los atletas y humanitarios sean honrados, el recuerdo de Roberto Clemente vivirá; mientras se concedan Medallas al Ciudadano, cada una significará un poco más porque esta primera fue para él'».

Nixon se dirigió a la sonriente Vera y le entregó la medalla. Al evento asistieron algunos peloteros de los Piratas, y estaban orgullosos. Tras la pausa, Nixon continuó: «Lo único que lamentamos es que él no esté aquí. Aunque está aquí creo que sí está presente en esta habitación. ¿No les parece? Creo que él estaría muy orgulloso de ser el primer ciudadano en recibir esta medalla, la primera medalla».

A esto siguió una serie de discursos. El senador Hugh Scott dijo: «Señor Presidente, creo que la historia de Roberto Clemente es demasiado conocida para repetirla. Él murió, como sabemos, cumpliendo una misión caritativa. En esa misión de ayuda a Nicaragua, él había recaudado —él mismo— 150 mil dólares y 26 toneladas de ropa. Debo anotar que la primera contribución a ese fondo fue del Presidente y la señora Nixon que, en su corazón, además tenían el centro deportivo de Puerto Rico al que Clemente dedicó mucho tiempo y pensamientos. Porque él creía que si a un niño no les gusta un deporte en particular pero otro sí le llama la atención, de una forma u otra actuará y descubrirá las ventajas de participar en ese deporte. Todos estamos muy orgullosos de él. Lo extrañamos y me alegro de que la señora Clemente esté aquí al igual que algunos de sus compañeros de equipo».

Luego, el comisionado Jaime Benítez agregó: «Me gustaría decirle, señor Presidente, en nombre de Puerto Rico, que nos sentimos honrados por este homenaje. Conocimos bien a Clemente y lo quisimos como todos ustedes. Les agradecemos especialmente su gran interés».

Y Nixon concluyó: «Como todos saben, señoras y señores, al referirse al carácter internacional de este evento, se debe anotar que no solo el Estado Libre de Puerto Rico se beneficia de él. También la ciudad de Pittsburgh, donde Clemente alcanzó la fama, y Nicaragua, uno de nuestros amigos del sur. Y creo que así lo habría querido Roberto Clemente».

En 2002, el presidente George W. Bush entregó a Vera la Medalla Presidencial de la Libertad —el más alto honor concedido a un civil— en honor a Roberto. Ese día, en la Sala Este de la Casa Blanca, Vera recibió la medalla junto con los otros premiados, entre los que había un legendario chef, un pianista, un reconocido actor, un libretista que utilizó su talento para combatir al régimen comunista, un hombre que ayudó a construir la primera bomba atómica, un profesor universitario, un juez de la Corte Suprema y un entrenador de baloncesto del Salón de la Fama.

—Otro galardonado esta tarde cumpliría sesenta y nueve años el mes entrante —dijo Bush—. Millones de estadounidenses recuerdan la noticia de que Roberto

Clemente había desaparecido mientras cumplía la misión de ayudar al pueblo nicaragüense tras el terremoto. Su nombre completo era Roberto Clemente Walker y, en la era de Mays, Mantle y Aaron, fue uno de los grandes. Era un hombre joven con un bate rápido, un brazo imbatible y un corazón amable. En palabras de un ejecutivo del béisbol, «nunca vi otro pelotero como él. No señor. En estos días, cuando alguien firma un jugoso contrato, nos preguntamos cuántos millones costaría Clemente». Costaría una fortuna. Sin embargo, el verdadero valor de este hombre, reflejado en cómo vivió su vida y cómo la perdió, no puede medirse en dinero. Y después de todos estos años, su familia debe saber que Estados Unidos atesora el recuerdo de Roberto Clemente.

RUDY GIULIANI, ex alcalde de Nueva York: Sus actos y hazañas como humanitario y beisbolista han inspirado a generaciones de estadounidenses.

TONY BARTIROME: Esto es lo que más recordaré de Roberto. Era un buen hombre de familia y adoraba a sus tres niños. A veces los traía a la sede del club y, cuando estaban allí, él tenía una mirada especial. Esos son los momentos que más recordaré.

MANNY SANGUILLÉN: Ojalá hubiera vivido más tiempo para que más personas hubieran llegado a conocerlo. Si uno conocía a Roberto, uno lo amaba.

STEVE BLASS: Las cosas que hacía en el terreno de juego eran admirables, pero lo más impresionante era lo que hacía fuera del terreno. Creo que si estuviera vivo hoy, sería el embajador del deporte. Sería una de las personas más respetadas en el mundo de los deportes.

VERA CLEMENTE: Una de las historias que la gente no conoce es algo que ocurrió una vez que Roberto viajaba a República Dominicana. En el vuelo había una anciana y su hija; Roberto se puso a conversar con ellas. Simpatizó con ambas y les dijo que se mantendrían en contacto.

En el vuelo de regreso, unos cuantos días después, estaba Roberto en la parte delantera del avión. Escuchó una conmoción en la parte trasera. Roberto le preguntó a la azafata qué sucedía y ésta le informó que había una mujer muy enferma. Cuando el avión aterrizó vimos que era la misma mujer que Roberto había conocido en el viaje de ida.

Roberto se fue en la ambulancia al hospital, con ella y su hija. Sufría un paro cardiaco. Mientras estaba en el hospital, Roberto se enteró de su vida y procedencia: al igual que él, llevaba gran parte de su vida ayudando a los pobres de Puerto Rico. Después Roberto me dijo: «Era como mi madre».

El último deseo de la mujer fue que hubiera música en su funeral. Roberto concedió el deseo de la señora obsequiando la música.

Todo lo que Roberto hacía le salía del corazón: su familia, el béisbol, ayudar al prójimo, etc.

AGRADECIMIENTOS

La familia Clemente quisiera agradecer especialmente a todos los fanáticos que durante décadas han mantenido el amor y admiración a la memoria de Roberto, a quienes han sido motivados e inspirados a emularlo convirtiéndose en ciudadanos responsables y amando al prójimo, a las parejas que dan a sus recién nacidos el nombre de Roberto como una bendición, a las instituciones que dan su nombre a diversas instalaciones y programas a través de todo el mundo, a «Major League Baseball» y la Liga de Béisbol Profesional de Japón por dedicar un premio en su nombre para ser entregado al jugador que mejor ejemplifique las cualidades de Roberto. Una mención especial a Liberia, África por reconocerlo como uno de los defensores de los derechos civiles dedicando unas monedas en su honor. Un agradecimiento muy especial a Manheim, Alemania por dedicar la primera intstalación deportiva que llevó su nombre a pocos días del accidente. A nuestros hermanos Nicaragüenses por la solidaridad prevaleciente, a los fanáticos de Pittsburgh por encargarse de difundir su amor e integridad a las distintas generaciones, a los antiguos compañeros de equipo por su colaboración para este libro y, en particular, a Manny Sanguillén y Steve Blass. Gracias también al ex entrenador de los Piratas, Tony Bartirome.

También un agradecimiento especial al Museo Clemente, en Pittsburgh, y a Duane Rieder, que lo administra. También a los consejeros de la familia, Michael Hermann, Chuck Berry y Richard Kantrowitz.

El escritor agradece a la familia Clemente su hospitalidad y gentileza durante sus visitas a Puerto Rico y, especialmente, a Luis Clemente, quien pacientemente le sirvió de guía.

El *brain trust* de Penguin Group (USA) / Celebra fue diligente y atento. Gracias a los editores Raymond A. Garcia y Brent Howard, quienes se encargaron hábilmente del manuscrito.

Roberto Clemente solía ser agradecido con los peloteros anteriores a él. Si Clemente estuviera vivo les daría las gracias a los peloteros puertorriqueños que le abrieron el camino para llegar a ser grande.

A toda nuestra familia Zabala y Clemente, a nuestra familia extendida los Dorsey, Garland, Coolong, Bass, Rouch, Kantrowitz, Isaac, Andrejasik, Angie Gialloretto and Suzan Wagner.

A Ramiro Martínez, Luis Rodriguez Mayoral, Benjamin Quintana y familia.

Un ENORME agradecimiento a Victor "Vitín" Enriquez y Nydia Allende y familia, por siempre estar presente desde el momento de la desaparición hasta la actualidad.

A las familias de los compañeros eternos de Roberto: Jerry Hill, Rafaél Lozano, Arthur Rivera y Francisco Matías. ¡Siempre los tendremos cerca de nuestros corazones!

Un agradecimiento especial a Puerto Rico: A nuestra gente, que se llena de orgullo cuando mencionan su nombre cada vez que viajan y al decir que son de Puerto Rico, no importa cuán distante estén, les dicen, de la tierra de Roberto Clemente; los estudiantes que se inspiran al leer su historia, los atletas que sienten una emoción indescriptible al representar a Puerto Rico. Queremos exhortarlos a que continúen demostrando los valores de nuestra cultura, la cual nuestro Roberto representó y continúa representando a través del mundo.

¡Que Dios los bendiga siempre!

Notas

CAPÍTULO UNO: AMOR

18 Se hicieron amigos: Bruce Markusen, *Roberto Clemente: The Great One*, p. 10.

23 Nuestras conversaciones siempre: David Maraniss, *Clemente: The Passion and Grace of Baseball's Last Hero*, p. 220.

CAPÍTULO SEIS: SURGIMIENTO

180 La carta comenzaba: Roberto Clemente, expediente del FBI Número 92-6347.

CAPÍTULO SIETE: PRESENTIMIENTOS

194 «Sabes todo sobre béisbol»: Bill Christine, *Remembering Roberto, Los Angeles Times*, diciembre 25, 1972.

EPÍLOGO: 21

251 «Damas y caballeros»: Presidente Richard Nixon, transcripción, American Presidency Project.

254 «Otro galardonado esta tarde»: George Bush, transcripción, American Presidency Project.

Bibliografía

Maraniss, David. *Clemente: The Passion and Grace of Baseball's Last Hero.* Nueva York: Simon & Schuster, 2006.

Markusen, Bruce. *Roberto Clemente: The Great One.* Nueva York: Sports Publishing LLC, 1998.

Markusen, Bruce. *The Team That Changed Baseball: Roberto Clemente and the 1971 Pittsburgh Piratas.* Yardley, PA: Westholme Publishing, 2009.

Miller, Ira. *Roberto Clemente.* Nueva York: Tempo Books, 1973.

Musick, Phil. *Who Was Roberto?* Nueva York: Doubleday & Company, 1974.

Acerca de los autores

Vera, Roberto Jr., Luis y Ricky Clemente viven en Texas y Puerto Rico y siguen preservando el recuerdo del esposo cariñoso y el padre inspirador que conocían mejor que nadie; de la persona desinteresada y el épico jugador de béisbol que nunca olvidarán. Juntos, como familia, crearon la Fundación Roberto Clemente para ayudar a los jóvenes desfavorecidos. Actualmente, Vera es Embajadora de Buena Voluntad para el Béisbol de las Grandes Ligas.

Mike Freeman escribe para CBSSports.com. Este es su séptimo libro. Vive en Nueva Jersey.

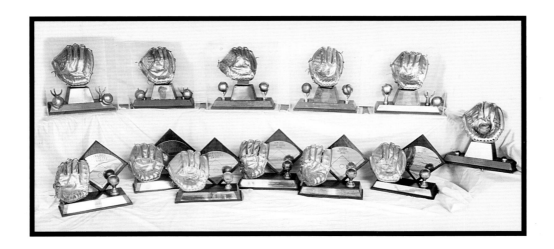